RÉPONSE AUX ÉVÊQUES

LE

POUVOIR TEMPOREL

DES PAPES

TROISIÈME ÉDITION AUGMENTÉE

DE LA

LETTRE DE NAPOLÉON III AU PAPE

ET DE LA

LETTRE DE LOUIS NAPOLÉON BONAPARTE A EDGAR NEY

PRIX : UN FRANC

BRUXELLES

FR. VAN MEENEN ET Cie, IMPRIMEURS-ÉDITEURS

RUE DE LA PUTTERIE, 33

1860

Bruxelles. — Typ. de Fr. Van Meenen et Cⁱᵉ, rue de la Putterie, 32.

I.

LETTRE

DE

L'EMPEREUR NAPOLÉON III

AU PAPE.

Très-Saint-Père,

La lettre que Votre Sainteté a bien voulu m'écrire le 2 décembre m'a vivement touché et je répondrai avec une entière franchise à l'appel fait à ma loyauté.

Une de mes plus vives préoccupations, pendant comme après la guerre, a été la situation des États de l'Église, et certes parmi les raisons puissantes qui m'ont engagé à faire si promptement la paix, il faut compter la crainte de voir la révolution prendre tous les jours de plus grandes proportions. Les faits ont une logique inexorable et malgré mon dévouement au Saint-Siége, malgré la présence de mes troupes à Rome, je ne pouvais échapper à une certaine solidarité avec les effets du mouvement national provoqué en Italie par la lutte contre l'Autriche.

La paix une fois conclue, je m'empressai d'écrire à Votre Sainteté pour lui soumettre les idées les plus propres, selon moi, à amener la pacification des Romagnes, et je crois encore que si, dès cette époque, Votre Sainteté eût consenti à une séparation administrative de ces provinces et à la nomination d'un gouverneur laïque, elles seraient rentrées sous son autorité. Malheureusement cela n'a pas eu lieu et je me suis trouvé impuissant à arrêter l'établissement du nouveau régime. Mes efforts n'ont abouti qu'à empêcher l'insurrection de s'étendre, et la démission de Garibaldi a préservé les marches d'Ancône d'une invasion certaine.

Aujourd'hui le Congrès va se réunir. Les puissances ne sauraient méconnaître les droits incontestables du Saint-Siége sur les Légations : néanmoins, il est probable qu'elles seront d'avis de ne pas recourir à la violence pour les soumettre. Car, si cette soumission était obtenue à l'aide de forces étrangères, il faudrait encore occuper les Légations militairement pendant longtemps. Cette occupation entretiendrait les haines et les rancunes d'une grande portion du peuple italien, comme la jalousie des grandes puissances : ce serait donc perpétuer un état d'irritation, de malaise et de crainte.

Que reste-t-il donc à faire? car enfin cette incertitude ne peut pas durer toujours. Après un examen sérieux des difficultés et des dangers que présenteraient les diverses combinaisons, je le dis avec un regret sincère, et, quelque pénible que soit la solution, ce qui me paraîtrait le plus conforme aux véritables intérêts du Saint-Siége, ce serait de faire le sacrifice des provinces révoltées. Si le Saint-Père, pour le repos de l'Europe, renonçait à ces provinces qui, depuis cinquante ans, suscitent tant d'embarras à son gouvernement et qu'en échange il demandât aux puissances de lui garantir la possession du reste, je ne doute pas du retour immédiat de l'ordre. Alors le Saint-Père assurerait à l'Italie reconnaissante la paix pendant de longues années, et au Saint-Siége la possession paisible des États de l'Église.

Votre Sainteté, j'aime à le croire, ne se méprendra pas sur les sentiments qui m'animent; elle comprendra la difficulté de ma situation; elle interprétera avec bienveillance la franchise de mon langage, en se souvenant de tout ce que j'ai fait pour la religion catholique et pour son auguste chef.

J'ai exprimé sans réserve toute ma pensée et je l'ai cru indispensable avant le Congrès. Mais je prie Votre Sainteté, quelle que soit sa décision, de croire qu'elle ne changera en rien la ligne de conduite que j'ai toujours tenue à son égard.

En remerciant Votre Sainteté de la bénédiction apostolique qu'Elle a envoyée à l'Impératrice, au Prince Impérial et à moi, je lui renouvelle l'assurance de ma profonde vénération.

De Votre Sainteté,

Votre dévot Fils,

NAPOLÉON.

Palais des Tuileries, 31 décembre 1859.

II.

LETTRE DE LOUIS-NAPOLÉON BONAPARTE

PRÉSIDENT DE LA RÉPUBLIQUE

A M. LE COLONEL EDGAR NEY.

Paris, le 18 août 1849.

MON CHER NEY,

La République française n'a pas envoyé une armée à Rome pour y étouffer la liberté italienne, mais au contraire pour la régler en la préservant de ses propres excès, et pour lui donner une base solide en remettant sur le trône pontifical le prince qui le premier s'était placé hardiment à la tête de toutes les réformes utiles.

J'apprends avec peine que l'intention bienveillante du Saint-Père, comme notre propre action, reste stérile en présence de passions et d'influences hostiles qui voudraient donner pour base à la rentrée du Pape la proscription et la tyrannie. Dites bien de ma part au général que dans aucun cas il ne doit permettre qu'à l'ombre du drapeau tricolore se commette aucun acte qui puisse dénaturer le caractère de notre intervention. Je résume ainsi le pouvoir temporel du Pape : Amnistie générale, sécularisation de l'administration, Code Napoléon et gouvernement libéral.

J'ai été personnellement blessé en lisant la proclamation des trois cardinaux, où il n'était pas fait mention du nom de la France et des souffrances de ses braves soldats. Toute insulte à notre drapeau ou à notre uniforme me va droit au cœur. Recommandez au général de bien faire savoir que si la France ne vend pas ses services, elle exige au moins qu'on lui sache gré de ses sacrifices et de son intervention.

Lorsque nos armées firent le tour de l'Europe, elles laissèrent partout comme trace de leur passage la destruction des abus de la féodalité et les germes de la liberté. Il ne sera pas dit qu'en 1849 une armée française ait pu agir dans un autre sens et amener d'autres résultats.

Priez le général de remercier en mon nom l'armée de sa noble conduite. J'ai appris avec peine que physiquement même elle n'était pas traitée comme elle méritait de l'être. J'espère qu'il fera sur-le-champ cesser cet état de choses. Rien ne doit être ménagé pour établir convenablement nos troupes.

Recevez, mon cher Ney, l'assurance de ma sincère amitié.

Louis-Napoléon Bonaparte.

« Toute plante que mon Père céleste n'a
« point plantée sera arrachée. »
(MATTH. X. 26).

« Nul ne peut servir deux maîtres ; car, ou
« il haïra l'un et aimera l'autre ; ou il se sou-
« mettra à l'un, et méprisera l'autre. Vous ne
« pouvez servir Dieu et les richesses. »
(MATTH. VI. 24).

Au moment où tous les esprits, tous les intérêts et toutes les espérances attendent avec impatience la réunion prochaine d'un congrès européen, qui seul a la compétence et le pouvoir de régler définitivement l'organisation future de l'Italie, et de lui donner ensuite une valeur inviolable par la garantie unanime des cinq grandes puissances ; en ce moment suprême, qui doit décider de l'avenir de vingt cinq millions d'hommes, chacun se demande avec crainte et inquié-tude : Jusqu'à quel point maintiendra-t-on loyalement dans ce congrès la cause de la justice, de la civilisation, et l'exécution des promesses solennelles, annoncées aux infortunés peuples de l'Italie dans les proclamations magnanimes de l'empereur Napoléon III ?

L'héroïsme de la France vient de conquérir à l'Italie le droit sacré de l'indépendance. Tout ce que la France a pu sacrifier pour le triomphe de cette sainte cause, elle l'a fait noblement ; « *mais la lutte allant prendre des proportions qui n'étaient plus en rapport avec ses intérêts,* » son glorieux chef a dû arrêter la marche victorieuse de son armée.

La tâche de la destruction est finie, celle de la justice va commencer. Ce qui n'a pu être terminé sur le champ de bataille, devra être complété dans les champs de la diplomatie. C'est à l'Europe entière maintenant de soutenir dignement la grande initiative de la France; c'est surtout à l'Angleterre, à la Prusse et à la Russie d'entrer en lice à leur tour, et de s'efforcer de mériter aussi un tribut de reconnaissance des nations italiennes, en luttant fermement pour leur délivrance définitive et entière de tout joug odieux, incompatible avec leurs intérêts, leurs aspirations et leurs droits légitimes.

Tous les peuples de l'Italie doivent avoir un droit égal à la protection équitable de l'Europe. Devant Dieu, comme devant les hommes, les puissances appelées par la Providence à la haute mission de régler cette question, doivent agir avec la plus parfaite justice, la plus stricte impartialité. Si l'une d'elles cherchait à faire prévaloir des propositions injustes, *n'importe pour quelles raisons,* c'est à la majorité des autres de soutenir loyalement l'inviolabilité du bon droit et de la bonne foi.

Ce que les conditions générales et restreintes des préliminaires de la paix n'ont pu embrasser et préciser, ce sera au congrès à le déterminer. La future organisation de l'Italie ne peut recevoir une consolidation durable que par une garantie unanime de toutes les grandes puissances de l'Europe; par conséquent, les conditions de cette nouvelle organisation doivent être aussi reconnues par l'assentiment de la majorité de ces puissances. D'ailleurs, ce n'est qu'expressément à cette condition, annoncée solennellement avant la guerre, et par conséquent *préliminairement* à la signature des bases préliminaires de paix après la guerre, que l'Angleterre, la Prusse et la Russie ont laissé à la France la pleine latitude de conduire la guerre et les événements à sa volonté.

Après les aveux sincères de l'empereur Napoléon, exprimés par lui à la réception des grands corps de l'État à Saint-Cloud, qui oserait encore douter de la sympathie que ressentirait S. M. pour toute pensée juste, pour tout sentiment généreux? Ce n'est pas lui qui irait les combattre, car, si le triomphe de ses grandes vues n'a pas été complet, c'est que *seul* et *isolé* il n'a pas pu faire davantage. Les grandes puissances restées jusqu'ici neutres doivent donc prêter un concours ferme à la poursuite de la réalisation de l'initiative magnifique de la France.

Dans le nombre des questions que vont immanquablement soulever des débats vifs et ardents, il en existe une surtout, d'une importance majeure, immense, qui constitue la base fondamentale de toutes les autres, et qui renferme en elle les germes immédiats de tout l'avenir, de tout le bonheur futur de l'Italie. Cette question, la voici :

Conservera-t-on aux nations italiennes le droit indépendant de demander à être constituées en États séparés ou réunis et avec un gouvernement à leur choix, conformément aux promesses solennelles de l'empereur Napoléon III ?

L'importance vitale de cette question vient de se manifester incontestablement par la douleur unanime, l'anxiété spontanée et la vive agitation soulevées dans tous les cœurs de l'Italie à la première annonce de la signature de la paix.

Toute solution logique, impartiale et équitable de cette question ne peut et ne doit être qu'affirmative.

Le sang généreux de la France, confondu avec celui de toutes les nations italiennes, n'a pu être versé pour la seule délivrance de trois millions de Lombards. Au moment suprême de la lutte, un appel général a été fait au patriotisme de *tous* les peuples d'Italie. *Tous* ont répondu noblement à cette voix sacrée, et, malgré tous les obstacles, *tous* ont envoyé leurs enfants au-devant de la mort, pour la défense de leurs intérêts communs. *Tous* se sont gravement compromis vis-à-vis de leurs gouvernements. Le dévouement de la France leur avait été annoncé par le clergé — comme un secours de la divine Providence; par les Français et leur souverain — comme un secours de frères.

Les frères ne doivent et Dieu ne peut mentir !

On n'a fait aucune exception pour les peuples de l'Italie au moment du danger et des sacrifices, — on a donc perdu le droit d'en faire maintenant, quand il ne s'agit plus que de recueillir et de partager fraternellement le prix si chèrement acheté par un effort commun.

Espérons que la cause de la justice triomphera, malgré et envers toutes les intrigues ténébreuses des différents partis, qui tâcheront d'interpréter au point de vue de leurs intérêts particuliers et égoïstes, le sens malheureusement si vague et si élastique des bases préliminaires de la paix.

Dans le nombre des États de l'Italie, il en existe un surtout, qui mérite une attention particulière, et dont l'organisation exige une réforme rationnelle et prompte, car elle repose actuellement sur des bases impossibles, antilogiques, contraires aux droits humains et surtout aux lois divines.

Par cette appréciation exceptionnelle nous venons de nommer les États-Romains, soumis au gouvernement *absolu* du pouvoir temporel des papes.

De toutes les difficultés qui vont se présenter pour une solution équitable des questions italiennes, ce sera sans contredit celle-là qui deviendra la plus rétive, la plus scabreuse, car elle repose sur *de fausses et malignes inter-*

prétations des préceptes les plus chers, les plus considéra-
bles et les plus sacrés à l'homme : les saints préceptes de la
foi et de la parole de notre Sauveur.

Il est donc d'une nécessité urgente et d'un besoin oppor-
tun en ce moment *de rappeler* au jugement impartial du
très petit nombre de personnes qui ont étudié l'histoire de
l'Église, et *d'expliquer* à la majorité qui n'en connaît pas
un mot, le véritable esprit des préceptes de la Foi à ce
sujet; c'est-à-dire combien l'exercice du pouvoir temporel par
un évêque est essentiellement contraire à toutes les lois
divines, aux doctrines apostoliques et des saints-pères, et à
tous les canons et traditions de l'Église primitive.

En entreprenant cette tâche délicate, nous ferons tous nos
efforts pour rester dans les bornes de la modération et de la
convenance, qu'impose la vénération du sujet que nous
allons traiter. Ce n'est ni un pamphlet, ni une critique impi-
toyable des abus passés, que nous avons l'intention de faire;
nous voulons purement et simplement relever et rétablir
l'esprit de la vérité divine. Par conséquent, nous ne tracerons
point le tableau des événements qui se sont passés, mais
nous nous bornerons à examiner les actes et les documents
historiques, qui serviront de base à l'introduction des innovations dans le gouvernement de l'Église. En conscience,
nous ne pouvons pousser plus loin nos ménagements, car ce
n'est que d'une comparaison sévère et attentive de l'esprit
des doctrines divines et des explications qu'en ont tirées les
hommes, que l'on peut faire ressortir la vérité. Si ce que
nous allons écrire devait paraître encore dur, la faute n'en
sera pas à nous, mais à ceux qui l'ont avancé et soutenu,
*car nous ne composons rien, nous ne faisons que citer et
comparer.*

Pour établir la bonne foi de notre travail, nous renonçons

à avoir recours aux témoignages des auteurs appartenant aux églises grecque et protestante; mais nous faisons le choix de la célèbre *Histoire du Christianisme* (connue sous le nom d'ecclésiastique) de *Fleury*, comme la meilleure et la plus impartiale de toutes celles qui sont sorties de la plume des écrivains de l'église romaine, *pour servir de source principale à nos indications*. Nous copions du livre de Fleury presque textuellement, en conservant ses phrases et ses expressions, mais en abrégeant.

Nous commencerons d'abord par rapporter les instructions mêmes de notre Seigneur, qui interdisent d'une manière formelle tout exercice de puissance temporelle à ses serviteurs; ensuite nous citerons quelques passages à ce sujet des apôtres et des saints-pères, et puis, nous produirons dans leur ordre chronologique des documents historiques qui ne peuvent être sujets à aucune contestation.

Voici les paroles que le Christ a annoncées au nom de son père :

« Mon royaume n'est pas de ce monde. *Si mon royaume* « *était de ce monde, mes gens auraient combattu pour* « *m'empêcher de tomber entre les mains des Juifs ;* mais « mon royaume n'est pas ici. » (Jean, chap. XVIII, v. 36.)

N'est-ce pas tout juste le contraire que les papes sont obligés de faire constamment, pour maintenir leur puissance temporelle? N'ordonnent-ils pas à leurs serviteurs, à chaque occasion, de défendre cette puissance par la force des armes? C'est un blasphème inouï que de vouloir renverser le sens si explicite, si précis de ces paroles du Christ! Et cependant le pape Jean XXII a osé commettre ce sacrilége dans une bulle qu'il publia en 1529, et dans laquelle il se permet de dire : « Jésus-Christ avait la propriété de tous « les biens temporels de la terre, comme véritable roi de

« l'univers; c'est prouvé par les prophètes, qui dirent que
« le Messie sera roi de toutes les nations et que son règne
« n'aura pas de fin. Les paroles de Jésus-Christ : « *mon*
« *royaume n'est pas de ce monde,* » le prouvent même
« parfaitement, *car elles signifient qu'il ne tient pas sa*
« *puissance du monde, mais de Dieu.* » (Fleury, Histoire
du Christianisme, liv. 95, chap. LXII.) L'auteur ajoute :
« Subtilité dont saint Chrysostôme, saint Augustin, ni aucun
« des pères ne s'étaient pas avisés. » (Chrys. Homil. 23;
August. Tract. 115, n. 2.)

Quand les Juifs, touchés par les discours et les miracles
du Seigneur, « voulurent l'enlever *pour le faire roi, Jésus-*
« *Christ s'enfuit dans la montagne.* » (Jean VI, 15.)

Comment donc des évêques, qui se disent être même les
vicaires du Christ sur la terre, osent-ils prétendre à une
royauté que leur maître n'a jamais acceptée et qu'il a formellement défendue par son exemple ?

Voici comme Jésus-Christ s'exprima sur la seule puissance, le seul pouvoir sur la terre qu'il donna à ses disciples : « Il leur commanda de s'en aller avec leur bâton
« seulement, et de ne rien préparer pour le chemin, ni sac,
« ni pain, ni argent dans leur bourse; mais de ne prendre
« que leurs sandales, et de ne point se pourvoir de deux
« habits. Et il leur dit : Quelque part que vous alliez, lors-
« qu'il se trouvera des personnes *qui ne voudront ni vous*
« *recevoir, ni vous écouter,* secouez, *en vous retirant,* la
« poussière de vos pieds, *afin que ce soit un témoignage*
« *contre eux.* » (Marc VI, 8, 9, 11.)

Est-ce que ces préceptes s'accordent avec le faste de la
souveraineté temporelle d'un évêque, avec sa tyrannie des-
potique et avec l'obéissance qu'il impose à ses sujets par la
force de ses armes ?

« Maître, (dit un homme de la foule au Sauveur) dites à
« mon frère qu'il partage avec moi la succession qui nous
« est échue. Mais Jésus lui dit : O homme, *qui m'a établi*
« *pour vous juger*, ou pour faire vos partages? » (Luc XII,
13, 14.)

Est-ce que cela s'accorde aussi avec ce que les papes
sont obligés de faire tous les jours, par les devoirs que
leur impose leur royauté temporelle ? Et cependant ils se
disent les successeurs des apôtres, et le sont incontestablement.

Le Christ a dit encore : « Je ne tire point ma gloire des
« hommes. Comment pouvez-vous croire, *vous qui recher-*
« *chez la gloire que vous vous donnez les uns aux autres,*
« et qui ne recherchez point la gloire *qui vient de Dieu*
« *seul?* » (Jean V, 41, 44.)

Est-ce que la gloire, les honneurs et les hommages qu'on
rend au pape, comme prince civil, ne sont pas d'une
institution humaine, mais viendraient par hasard d'un ordre
particulier du Ciel?

Qu'a dit encore le Sauveur, au moment où il fut saisi par
les Juifs, à un des hommes qui étaient avec lui, et qui pour
sa défense coupa l'oreille à un des serviteurs du grand-
prêtre? « Remettez votre épée en son lieu, car tous ceux qui
« prendront l'épée périront par l'épée. *Croyez-vous que je*
« *ne puisse prier mon Père, et qu'il ne m'enverrait pas*
« *ici en même temps plus de douze légions d'anges?* »
(Matth. XXVI, 51, 52.)

Est-ce que ces paroles n'affirment pas, de la manière la
plus précise, que les serviteurs de Dieu ne doivent jamais
se servir des armes de la violence et de la force matérielle,
pour l'exercice ou la défense de leur ministère? Les seules
armes qui leur sont permises, c'est la prière, la demande

du secours céleste des anges et la résignation ensuite à la volonté divine.

Comme cela s'accorde bien avec le récent carnage de Pérouse, commandé au nom et pour la défense des droits divins !

Nous voudrions bien qu'on nous montrât les prescriptions divines qui ordonnent de pareils crimes !

L'esprit du texte précédent se trouve encore affermi par les paroles suivantes de Jésus-Christ aux apôtres :

« *Si vous étiez du monde,* le monde aimerait ce qui serait
« à lui; *mais, parce que vous n'êtes point du monde,* et que
« *je vous ai choisis du milieu du monde,* c'est pour cela
« que le monde vous hait. Souvenez-vous de la parole que
« je vous ai dite : Le serviteur n'est pas plus grand que son
« maître. S'ils m'ont persécuté, *ils vous persécuteront*
« *aussi.* » (Jean, XV, 19, 20.)

N'est-il pas évident par là que les serviteurs de Dieu doivent rester entièrement étrangers à tous les intérêts, à tous les soins mondains, *car ils ont été choisis et retirés du milieu du monde?* Mais surtout qu'ils sont voués aux souffrances et à *la persécution,* à l'exemple de leur maître divin? Quelle flagrante contradiction se présente entre l'humiliation profonde de ces principes et l'orgueil arrogant des papes, qui ne veulent reconnaître sur eux aucune autorité et prétendent dicter leurs ordres despotiques à l'univers entier?

Il suffit de lire avec attention la sublime prière de notre Seigneur après la sainte Cène, pour comprendre de cœur et d'esprit combien toute pensée mondaine, toute puissance temporelle était loin de sa céleste mission :

« Mon Père, l'heure est venue, glorifiez votre fils, afin
« que votre fils vous glorifie; comme vous lui avez donné
« *puissance sur tous les hommes,* AFIN QU'IL DONNE LA VIE

« ÉTERNELLE *à tous ceux que vous lui avez donnés*. Or, LA
« VIE ÉTERNELLE CONSISTE A VOUS CONNAITRE. *Je vous ai*
« *glorifié sur la terre*, J'AI ACHEVÉ L'OUVRAGE DONT VOUS
« M'AVEZ CHARGÉ. J'ai fait connaître votre nom aux hom-
« mes que vous m'avez donnés EN LES SÉPARANT DU MONDE.
« *Ils ne sont point du monde, comme je ne suis point*
« *moi-même du monde.* Sanctifiez-les dans la vérité. Comme
« vous m'avez envoyé dans le monde, je les ai aussi
« envoyés dans le monde. » (Jean, XVII, 1, 2, 3, 4, 6,
16, 17, 18.)

Les hommes dont parle ici le Seigneur sont les apôtres;
et il dit qu'il les a envoyés dans le monde continuer la mission qu'il avait reçue lui-même de son Père; cette mission
consistait *uniquement à donner au monde la vie éternelle,*
c'est-à-dire *à lui faire connaître Dieu.* Et remarquez avec
quelle précision détaillée le Christ définit encore l'objet de
sa mission : « Je vous ai glorifié sur la terre, *j'ai achevé*
l'ouvrage dont vous m'avez chargé. » Remarquez comme dans
tous ses discours il répète souvent et appuie toujours sur
l'idée que ni lui, ni ses apôtres ne sont pas de ce monde et
qu'en ayant choisi ces derniers pour son service, il les a
séparés du monde.

Nous demandons après cela à tout chrétien, à tout homme
ayant un peu de bonne foi : Quelle doit être par conséquent
la mission des successeurs des apôtres? Peuvent-ils être de
ce monde, c'est-à-dire être chargés des soins mondains de
l'exercice d'un gouvernement civil, eux, qui sont les successeurs des apôtres?

Jésus-Christ a dit encore à ses disciples : « Vous savez
« que ceux qui sont regardés comme les maîtres des peuples
« *les dominent* et *que leurs princes les traitent avec empire.*
« IL N'EN DOIT PAS ÊTRE DE MÊME PARMI VOUS; mais, si quel-

« qu'on veut y devenir le plus grand, il faut qu'il soit prêt à
« vous servir. » (Marc, X, 42, 43.)

Peut-on nier encore cette défense formelle aux apôtres et,
par conséquent, à leurs successeurs aussi, de gouverner les
peuples temporellement et *de les dominer avec l'empire des
princes séculiers ?*

Voulez-vous avoir une dernière preuve que notre Sauveur
n'était pas venu sur la terre pour nous gouverner et nous
juger d'après les lois terrestres, et qu'il a positivement
défendu à l'Église de se servir de la force, des punitions ma-
térielles et de toute violence pour l'œuvre du salut des
âmes? Il a dit :

« Si quelqu'un entend mes paroles *et ne les garde pas,*
« *je ne le juge point;* CAR JE NE SUIS PAS VENU POUR JUGER LE
« MONDE, mais pour sauver le monde. Celui qui me méprise,
« et *qui ne reçoit point mes paroles,* a pour juge la parole
« même que j'ai annoncée; CE SERA ELLE QUI LE JUGERA AU
« DERNIER JOUR. » (Jean, XII, 47, 48.)

Ces paroles établissent positivement que tout homme est
parfaitement libre de suivre ou de rejeter les préceptes de la
doctrine du Christ, c'est-à-dire le libre arbitre de la
conscience en matières religieuses. Et l'Église n'a aucun droit
de juger et de punir *dans cette vie,* celui qui ne voudra pas
recevoir les paroles de Jésus-Christ, car ce jugement *a été
remis au dernier jour.*

Et après cela Pie IX ose déclarer publiquement et au nom
du Seigneur, dans sa dernière lettre du 15 juillet à l'évêque
d'Albano : « *Que c'est une autorité usurpatrice, qui ose
proclamer que Dieu a fait l'homme libre de ses opinions
religieuses?* » Du reste il se réfute lui-même, en ajoutant à
la suite de ces paroles : « Ces hommes oublient l'immorta-
lité de l'âme, qui, *alors qu'elle passe du transitoire à l'éter-*

nel, devra rendre compte de ses opinions religieuses *au Juge
tout puissant.* »

Quant à cette dernière assertion, elle est parfaitement
d'accord avec le texte de l'Évangile que nous venons de
citer; mais aussi, elle renverse entièrement les prétentions
du pape.

Voyons maintenant ce qu'ont dit à ce sujet de plus positif
les apôtres et quelques autorités ecclésiastiques :

« N'aimez ni le monde, ni ce qui est dans le monde. Si
« quelqu'un aime le monde, *l'amour du Père n'est point en*
« *lui.* » (1ʳᵉ épître de Sᵗ Jean, II, 15.)

« Souffrez constamment les peines de votre ministère,
« comme un bon soldat de Jésus-Christ. CELUI QUI EST EN-
« RÔLÉ AU SERVICE DE DIEU NE S'EMBARRASSE POINT DANS LES
« AFFAIRES SÉCULIÈRES, *pour ne s'occuper qu'à plaire à celui*
« *qui l'a enrôlé.* » (2ᵉ épître de Sᵗ Paul à Timothée, II,
3, 4.)

Quel blasphème, quelle impudence d'oser nier encore
l'expression si limpide de cette explication !

Dans le sixième canon du recueil des quatre-vingt-cinq
canons apostoliques, que conserve l'Église, il est ordonné ce
qui suit :

« Ni les évêques, ni les prêtres, ni les diacres ne doivent
« point se charger du soin des affaires temporelles, sous
« peine d'être rejetés des ordres. »

Voici comment s'expliquait aussi là-dessus Sᵗ Augustin :
« Les hommes étaient transportés de la malheureuse pas-
« sion des richesses, et Jésus-Christ voulut être pauvre. Les
« hommes brûlaient d'ambition pour les honneurs et *pour*
« *les principautés de la terre*, et Jésus-Christ *ne vou-*
« *lut pas être roi.* On ne saurait pécher qu'en deux ma-
« nières : OU EN SOUHAITANT CE QUE JÉSUS-CHRIST A MÉPRISÉ,

« ou en fuyant ce qu'il a souffert, *car toute sa vie n'a été*
« *qu'une instruction continuelle pour le règlement de la foi*
« *et des mœurs.* » (De vera religione.)

Le célèbre Origène d'Alexandrie écrivait au commencement du troisième siècle, sur le droit des évêques et des
prêtres : « Celui qui est appelé à l'épiscopat est appelé non
« pas au commandement, mais au service de l'Église. Voilà
« ce que la parole de Dieu nous enseigne ; et nous, ou n'en-
« tendant pas, *ou méprisant les instructions de Jésus,*
« nous surpassons quelquefois le faste des mauvais princes
« païens. Nous voudrions presque avoir des gardes comme
« les rois. On voit en plusieurs églises, principalement des
« grandes villes, ceux qui conduisent le peuple de Dieu, ne
« garder plus aucune égalité avec les meilleurs disciples de
« Jésus, et user de menaces dures. Dieu veut que les crimes
« soient punis, *mais par les juges séculiers, non par les*
« *évêques.* Un évêque pèche contre Dieu, si, au lieu de
« servir ses frères, comme étant serviteurs du même maî-
« tre, il les traite en maître. Les scandales dans l'église
« viennent des mauvais pasteurs, *qui ne cherchent que la*
« *vaine gloire et le profit temporel.* Que celui qui gouverne
« une église, soit tout occupé *des soins spirituels et point du*
« *tout du temporel.* Jésus-Christ recommande *de renoncer*
« *pour lui à tout;* comment pouvons-nous donc expliquer
« ce précepte au peuple, nous, qui non seulement ne
« renonçons pas à ce que nous possédons, mais qui voulons
« même acquérir ce que nous n'avions point avant que
« d'entrer à son service? » (Fleury, liv. 6, XIX.)

St Cyprien, évêque d'Alexandrie, en parlant de la persécution des chrétiens dans ce pays, en 248, attribuait la cause
de ce malheur au relâchement des mœurs des chrétiens, et
dit entre autres : « Plusieurs évêques, au lieu d'exhorter

« leurs peuples et donner l'exemple, négligent les affaires de
« Dieu, se chargent d'affaires temporelles et ne travaillent
« qu'à s'enrichir et à augmenter leur patrimoine. Ils sont
« pleins d'orgueil, de jalousie, de division, et *ils ont renoncé*
« *au monde de parole et non de fait.* » (liv. 6, XXIV.)

En 269, le second concile d'Antioche déposa Paul Samo-
sate, évêque d'Antioche, et dans la lettre synodale du
concile, envoyée selon la coutume à toutes les églises de la
chrétienté, on trouve entre autres les accusations suivantes : « Il ne regardait la religion que comme un moyen
« de s'enrichir, il est plein de vanité et imite les digni-
« tés séculières ; il marche avec faste, environné d'une
« grande troupe de gens, qui le précèdent et le suivent
« comme des gardes ; il s'est dressé un tribunal et un trône
« élevé, *non tel que doit avoir un disciple de Jésus-Christ ;*
« il a un cabinet secret comme les magistrats séculiers, et
« lui donne le même nom. *Tout le monde gémit en secret et*
« *n'ose pourtant l'accuser, dans la crainte de sa puissance*
« *et de sa tyrannie.* » (liv. 8, IV.)

Le pape saint Gélase qui occupa le siége de Rome, de
l'an 492 à 496, parle ainsi dans ses écrits de la distinction
des deux puissances, l'ecclésiastique et la séculière : « Je veux
croire qu'avant la venue de Jésus-Christ, quelques uns aient
été en figure rois et prêtres en même temps, comme Melchisédec, ce que le démon a imité ; en sorte que les empereurs
païens prenaient aussi le nom de souverains pontifes. Mais
quand on est venu à Celui qui est véritablement roi et pontife tout ensemble, l'empereur n'a plus pris le nom de
pontife, et *le pontife ne s'est plus attribué la dignité royale.*
Car encore que tous les membres de Jésus-Christ soient nom-
més une race royale et sacerdotale (1° Petr. II, 9), toutefois
Dieu, connaissant la faiblesse humaine et voulant sauver les

siens par l'humilité, *a séparé les fonctions de l'une et de l'autre puissance*, en sorte que les empereurs chrétiens eussent besoin de pontifes pour la vie éternelle, et que les pontifes suivissent les ordonnances des empereurs pour les choses temporelles ; que celui qui sert Dieu ne s'embarrasse point d'affaires séculières (St.-Paul à Timot. II, 4), et que celui qui y est engagé ne gouverne pas les choses divines. Ainsi, l'un et l'autre ordre sont contenus dans la modération, *et chaque profession est appliquée aux actions qui lui conviennent.* (liv. 30, XXXVII.)

Dans son discours sur l'histoire des six premiers siècles du christianisme, Fleury dit en parlant du gouvernement de l'Église (Chap. V) : « Tout se faisait dans l'église par conseil, parce qu'on ne cherchait qu'à y faire régner la raison, la règle et la volonté de Dieu. Les évêques avaient toujours devant les yeux le précepte de Jésus-Christ, *de ne pas imiter la domination des rois de la terre, qui tend toujours au despotisme.* »

La lettre du pape Nicolas Ier, l'un des plus ambitieux pontifes de Rome, à l'empereur Michel de Constantinople, en 865, au moment même où une querelle acharnée se poursuivait entre lui et le patriarche de Constantinople Photius, prouve d'une manière éclatante l'abus de la réunion des deux pouvoirs. Dans cette lettre, après avoir élevé, à l'impossible, les prétentions du pouvoir spirituel de l'église romaine sur l'univers entier, il exhorte l'empereur, *quant au pouvoir temporel*, à ne point entreprendre sur les droits de l'Église, comme l'Église n'entreprend point sur ceux de l'empire, *car Jésus-Christ avait séparé les deux puissances.* Il cite enfin toute la lettre du pape Gélase, en 495, ci-dessus rapportée (liv. 30, XLI).

Cette lettre est d'autant plus remarquable que, tout en

tenant ce langage à l'empereur d'Orient, le pape Nicolas Ier cherchait d'un autre côté à imposer son autorité aux souverains de l'Occident dans des questions purement temporelles et prétendait même avoir le droit de disposer des couronnes et des royaumes, à titre de successeur de saint Pierre ! Que prouvent ces opinions diamétralement opposées l'une à l'autre et que le pape prétendait expliquer également par l'Évangile, qui n'annonce qu'une seule vérité ? De quel côté peut être le mensonge, du côté désavantageux ou avantageux à l'ambition du pape ?

En 869, l'évêque de Reims Hincmar écrivit au pape Adrien II : « La conquête des royaumes de ce monde se fait par la guerre et non par des excommunications des papes. Quand nous représentons aux rois la puissance que Jésus-Christ a donnée aux papes et aux évêques, ils nous répondent : défendez donc les royaumes par vos seules prières contre les ennemis, sans chercher notre secours ; mais si vous les voulez avoir, comme nous ne refusons pas celui de vos prières, priez le pape de considérer *qu'il ne peut être tout ensemble roi et évêque ; que ses prédécesseurs ont réglé l'Église qui les regarde, et non pas l'état qui appartient aux rois.* » (liv. 52, VIII.)

Le pape Étienne V écrivit à l'empereur de Constantinople Basile, en 885 : « Comme vous nous êtes donné de Dieu, pour gouverner les choses terrestres, ainsi Dieu nous a donné le gouvernement des choses spirituelles ; notre mission est d'autant plus excellente, que le ciel est au-dessus de la terre. » (liv. 53 XLIX.)

Nous engageons le lecteur à lire avec attention ce qui suit :

Le grand St.-Bernard, abbé de Clairvaux, estimé pour la pureté et la piété de sa doctrine comme le dernier des pères de l'Église latine, écrivit, vers 1149, *ses Livres de la consi-*

dération composés par lui pour la conduite du pape Eugène III, son disciple et qu'il aimait avec la tendresse d'un père. (liv. 69, XLV.)

Voici ce qu'on y trouve :

Dans le premier livre : « Qu'y a-t-il de plus indigne et de plus servile d'un souverain pontife, que de travailler continuellement à des affaires temporelles? Quand prions-nous? Quand instruisons-nous les peuples? Quand méditons-nous la loi de Dieu! Car les lois dont retentit votre palais sont celles de Justinien. Saint Paul a dit : «Que celui qui est au « service de Dieu, ne s'embarrasse point d'affaires séculières, « par l'exemple de Jésus-Christ même, qui refusa d'être arbi- « tre entre les deux frères (Luc XII, 14).» Je vois bien que les apôtres ont été présentés *pour être jugés*, mais je ne vois point qu'ils se sont assis *comme juges. C'est pour juger les péchés et non les affaires temporelles que vous avez reçu les clefs du royaume des cieux; ces choses terrestres ont leurs juges, qui sont les rois et les princes de la terre.* Pourquoi entreprenez-vous sur le partage d'autrui?»

« Ne me répondez pas que l'apôtre dit, qu'étant libre il s'est fait esclave de tous (St.-Paul 1er Cor. IX, 19). Il se faisait esclave de tous pour les gagner à Jésus-Christ; et votre servitude est bien différente. »

Dans le second livre : « Dans vos devoirs il n'y a rien qui sente le faste, mais le travail; *c'est un ministère et non une domination.* Les apôtres vous ont laissé le soin des églises, mais non pas de l'or et de l'argent; si vous en avez, *ce n'est pas comme leurs successeurs, mais à quelque autre titre.* Si vous voulez vous glorifier, ce doit être comme St.-Paul, dans les travaux et la souffrance (2e Cor. XI, 25). Vous devez dompter les loups et non pas dominer les brebis. »

Dans le quatrième livre : «Tout le zèle des ecclésiastiques

ne tend qu'à conserver leur dignité. On dit que vous ne savez pas garder votre rang, ni soutenir votre personnage. Nous ne voyons pas que St.-Pierre ait jamais paru en public orné d'or et de pierreries, monté sur un cheval blanc, environné de soldats et d'officiers, marchant à grand bruit. Je vous conseille de vous décharger entièrement sur quelqu'un de vos serviteurs du soin des affaires temporelles, *comme indigne d'un prélat qui se doit tout entier au service de l'Église.* »

Il faut observer, que du temps de saint Bernard, les papes n'étaient pas encore reconnus authentiquement comme souverains temporels de l'État; ils gouvernaient seulement les possessions territoriales de l'église de Rome sous la souveraineté suprême des empereurs. Qu'aurait donc dit le grand saint Bernard s'il vivait de notre temps?

Enfin voici ce que dit Fleury dans son Discours sur l'histoire de l'Église du Ier au XIIIe siècle : (A la suite du livre 89.)

« La juridiction essentielle à l'Église est celle que Jésus-Christ a donnée à ses apôtres, en leur disant après sa résurrection : « Toute puissance m'a été donnée dans le ciel et sur « la terre. Allez donc, et intruisez tous les peuples, les bapti- « sant et leur apprenant *à observer toutes les choses que je* « *vous ai commandées* » (Matth. XXVIII, 18, 19, 20). Il réduit donc l'exercice de cette toute-puissance, à l'instruction et l'administration des sacrements. Ensuite, avant son ascension, le Christ dit encore à ses apôtres : « Comme mon « Père m'a envoyé, je vous envoie aussi de même. Recevez le « Saint-Esprit, les péchés seront remis à ceux à qui vous les « remettrez; et ils seront retenus à ceux à qui vous les retien- drez. » (Jean XX, 21 22, 23.) Or, ces pouvoirs que Jésus-Christ a conférés à son Église *ne regardent que les biens spirituels :* la grâce, la sanctification des âmes, la vie éternelle. Lui-même étant sur la terre n'en a pas exercé d'autres. Il est vrai qu'il a été roi, mais son royaume, comme il l'a dit lui-même, n'est pas de ce monde, il est d'un ordre plus élevé. »

« Pour établir son royaume il n'a rien fait par force, comme le dit saint Augustin, mais tout par la persuasion ; et pour persuader il n'a pas employé de longs raisonnements philosophiques dont peu d'hommes sont susceptibles, mais des miracles qui sont à la portée de tout le monde et propres à convaincre et à fonder l'autorité. Cette autorité est le fondement de la juridiction ecclésiastique, qui consiste à conserver la sainte doctrine, en établissant des docteurs pour la perpétuer *et réprimer ceux qui la voudrait altérer.* L'Église a exercé ce droit en ordonnant des évêques et des prêtres. Les apôtres en fondant l'Église lui donnèrent des règles de discipline, qui furent ensuite écrites sous le nom de canons des apôtres et de constitutions apostoliques. Pendant les trois premiers siècles, l'Église n'entreprit rien sur les affaires temporelles, *se soutint sans aucun secours de la puissance séculière,* ET JAMAIS ELLE NE FUT PLUS FLORISSANTE. »

« La protection des premiers empereurs chrétiens accorda aux évêques le droit de juger les crimes ecclésiastiques, mais les crimes civils des clercs étaient jugés par le gouvernement civil (constitution de Justinien en 539). La chute de l'empire d'Occident et la domination des barbares commença à altérer cet ordre de choses. Les évêques devinrent seigneurs et guerriers, et furent obligés d'assister aux assemblées dans lesquelles se réglaient les affaires de l'État, et qui étaient en même temps parlements et conciles nationaux. *C'est là la source principale de l'extension de la juridiction ecclésiastique hors de ses bornes et de ses entreprises sur le temporel.* Nous en voyons un premier et terrible exemple, dès la fin du viie siècle, au douzième concile de Tolède, qui déclara le roi Vamba déchu de la couronne et ses sujets déchargés de leur serment envers lui. Plus tard, *et à cause de l'ignorance générale,* ce droit fut accepté par les souverains. Les fausses décrétales d'Isidore et le décret de Gratien anéantirent la juridiction primitive et établirent *l'autorité nouvelle des papes,* qui prétendirent pouvoir tout ce qu'ils voulaient et n'être point soumis aux lois des canons. Les évêques resserrés dans leur pouvoir par les papes, cherchèrent à leur tour à étendre leur juridiction et leurs intérêts aux dépens des laïques; l'ignorance de ces derniers, qui allait jusqu'à ne savoir pas lire, amena toutes les affaires dans les mains des clercs; c'est ainsi que les ecclésiastiques s'éloignèrent tout à fait de leur profession pour s'occuper des richesses temporelles, en oubliant le précepte de saint Paul. Il semblait que la religion autorisât l'intérêt le plus sordide, et que Jésus-Christ fût venu enseigner aux hommes de nouveaux moyens de gagner et de s'enrichir. On dit que l'Église, en vertu du pouvoir des clefs, a droit de juger tous les péchés généralement; par ce moyen le pape devint, à proprement parler, le seul souverain du monde entier. Mais il est aisé de démêler ce sophisme : l'Église est juge de tout péché dans le for intérieur; le jugement de l'Église se termine par l'imposition d'une pénitence salutaire, ou par le retranchement de la société des fidèles, *sans aucune conséquence pour le temporel.* L'instruction des chrétiens par la lecture des ouvrages et des livres saints fut empêchée et défendue, à moins que ces livres n'eussent subi auparavant certains retranchements. Cependant saint Paul et les pasteurs des premiers temps avaient soin de bien instruire les chrétiens, *sans prétendre les gouverner par la soumission aveugle, qui est l'effet et la cause de l'ignorance. »*

« Le clergé chercha à démontrer le pouvoir temporel, en citant les exemples de l'Ancien Testament : Melchisédec prêtre et roi, Moïse et Aaron, Samuel et d'autres. Mais ces exemples prouvent tout au plus, que les deux puissances peuvent être unies par accident en une même personne; mais pour aller plus loin il aurait fallu prouver deux propositions : l'une, que les prêtres de l'ancienne loi eussent eu pouvoir sur le temporel *à titre de prêtres;* l'autre, que Jésus-Christ eût établi son Église sur le même plan que le gouvernement temporel des Israélites. Or, on ne prouvera jamais ni l'un, ni l'autre; et il est évident *par toutes les écritures du Nouveau Testament,* et par toutes les traditions des dix premiers siècles, *que le royaume de Jésus-Christ est purement spirituel,* et qu'il n'est venu établir sur la terre que le culte du vrai Dieu et les bonnes mœurs, sans rien changer au gouvernement politique des peuples. »

« Le code des canons de l'ancienne Église universelle se trouve dans le recueil publié à Paris, en 1661, sous le titre de bibliothèque de l'ancien droit canonique. »

Voici ce que dit encore là-dessus Fleury, dans son discours sur l'histoire de l'Église du xie au xiiie siècle (à la suite du livre 74) :

« Depuis le xiie siècle on a bâti sur des nouveaux fondements et suivi des maximes inconnues à l'antiquité. La source du mal se trouve dans les fausses décrétales attribuées aux papes des trois premiers siècles, recueillies par un certain marchand Isidore et qui parurent sur la fin du viiie siècle. »

« En étendant à l'infini l'autorité des papes, on croyait faire mieux valoir leur primauté spirituelle. Il fallait donc ignorer absolument l'histoire de l'Église, *ou supposer qu les plus grands papes, saint Léon et saint Grégoire, avaient laissé avilir leur dignité.* Ces saints papes avaient des pensées plus hautes et une connaissance plus parfaite de la religion que Grégoire VII et Innocent III. Les hommes vulgaires ne cherchent que leurs intérêts particuliers ; *mais Jésus-Christ n'a promis à ceux qui gouvernaient fidèlement son troupeau aucun avantage en cette vie.* » (Ch. VI.)

« Léon IX et ses successeurs établirent la puissance temporelle de l'Église Romaine sur la prétendue donation de l'empereur Constantin au pape saint Sylvestre, puis sur celles de Pépin, de Charlemagne, de Louis-le-Débonnaire et d'Othon ; mais tout le monde sait aujourd'hui ce que c'est que la donation de Constantin et sa fausseté est encore plus universellement reconnue que celle des décrétales d'Isidore. » (Ch. IX.)

« *Avouons donc de bonne foi* que les papes des six premiers siècles avaient raison de considérer l'utilité de l'Église universelle, préférablement à ce qui pouvait paraître avantageux à leur personne ou à leur siége. *Avouons encore* que l'utilité de l'Église demandait que les papes et les évêques fussent détournés le moins qu'il était possible de leurs fonctions spirituelles et essentielles, et que chacun d'eux demeurât appliqué à instruire et à sanctifier son peuple. » (Ch. VI.)

« Or, j'en reviens toujours à cette question : Si l'on a découvert dans le onzième siècle une sagesse inconnue auparavant, et si Léon IX et Grégoire VII étaient plus éclairés que saint Léon et saint Grégoire? *Ces grands papes n'avaient pas fouillé dans leurs archives pour y trouver la donation de Constantin ; ils n'étaient ni princes souverains, ni seigneurs temporels.* Ils étaient persuadés de la distinction des deux puissances, que le pape saint Gélase a si bien exprimée, quand il a dit que les empereurs même sont soumis aux évêques dans l'ordre de la religion, et que dans l'ordre politique les évêques, même celui du premier siége, doivent obéir aux lois des empereurs. » (Ch. IX.)

« Nous n'avons pas vu chez les Orientaux d'évêques seigneurs, parce que, malgré l'affaiblissement de leurs États, ils ont toujours conservé la tradition et les maximes de la bonne antiquité. » (chap. X.)

« Il est triste, je le sens bien, de révéler ces faits peu édifiants ; ET JE CRAINS QUE CEUX QUI ONT PLUS DE PIÉTÉ QUE DE LUMIÈRE NE S'EN SCANDALISENT. Mais le fondement de l'histoire est la vérité. D'ailleurs, suivant la parole même de l'Évangile : « Il n'y a rien de caché qui ne doive être découvert. » (Matth. X. 26) ; est-ce que tous les évangélistes n'ont pas représenté la chute de saint Pierre ? *La sincérité est le fond de la religion.* Quand nous voudrions même abolir la mémoire du passé, il serait impossible de le faire, à moins de supprimer tous les livres et les autres documents historiques qui nous restent. Et comment exécuter un tel dessein ? Si les catholiques s'y accordaient, les hérétiques n'en seraient que plus attentifs à conserver ces pièces ; il vaut donc mieux rapporter la vérité fidèlement que de laisser exagérer, altérer et envenimer les faits par la passion des protestants. Qui sait les desseins de Dieu ? Peut-être a-t-il voulu amener les hommes, par leur propre expérience, *à suivre à la lettre ses préceptes et à ne pas vouloir maintenir sa religion par les maximes d'une politique mondaine ?* Vous croyez que le sacerdoce aura plus d'autorité étant soutenu par la puissance temporelle ? — et vous perdez la vraie autorité, qui consiste dans l'estime et la confiance. Vous croyez vous rendre terrible et vous faire obéir en prodiguant les censures ? — et par là vous les rendrez méprisables et inutiles. *Instruisez vous au moins par les faits et profitez des fautes de vos pères.* Deux sortes de personnes trouvent mauvais que l'on rapporte ces faits désavantageux à l'Église. Les premiers sont des politiques profanes qui, ne connaissant point la vraie religion, la regardent comme une invention humaine pour contenir le vulgaire, et craignent tout ce qui pourrait en diminuer le respect dans l'esprit du peuple, c'est-à-dire, selon eux, le désabuser. Je ne dispute point contre ces politiques, il faudrait commencer par les instruire et les convertir. Mais je crois devoir satisfaire *les gens de bien scrupuleux, qui par un zèle peu éclairé* tombent dans le même inconvénient de trembler lorsqu'il n'y a pas sujet de craindre. Que craignez-vous, leur dirais-je ? Est-ce de connaître la vérité ? *Vous aimez donc à demeurer dans l'erreur, ou du moins dans l'ignorance ?* Et pouvez-vous y demeurer en sûreté, vous surtout, qui devriez instruire les autres ? Car je parle aux ecclésiastiques, à qui il convient principalement de savoir l'histoire de la religion. Peut-on encore, dans la lumière de notre siècle, soutenir la donation de Constantin et les décrétales d'Isidore ? Reconnaissons donc de bonne foi que Grégoire VII et Innocent III, trompés par ces pièces et par les mauvais raisonnements des théologiens de leur temps, ont poussé trop loin leur autorité et l'ont rendue odieuse à force de l'étendre ; et ne prétendons pas soutenir des excès dont nous voyons les causes et les funestes effets. Car enfin, quoi qu'on puisse dire, il est évident que les premiers siècles nous fournissent un plus grand nombre de saints papes que les derniers ; et que les mœurs et la discipline de l'église romaine étaient bien plus pures. Or, il n'est pas croyable que les papes n'aient commencé à connaître leurs droits et à exercer leur puissance dans toute son étendue, que depuis que leur vie a été moins édifiante, et leur troupeau particulier moins bien réglé. *Cette réflexion fournit un préjugé fâcheux contre les nouvelles maximes.* » (Ch. XIII).

Cette fameuse donation de Constantin dont il est tant question dans l'histoire de l'Église, et sur laquelle les papes se sont basés depuis le XIᵉ siècle pour chercher à prouver leur droit à la possession temporelle des États de l'église romaine, est une invention du pape Léon IX. En 1055, dans une lettre adressée par lui au patriache de Constantinople, Michel Cérularius, et pour soutenir que personne n'avait le droit de juger le siége de Rome, il imagina de déclarer : « Que l'empereur Constantin, ne trouvant pas raisonnable que celui à qui Dieu a donné l'empire du ciel (c'est-à-dire le pape), fût soumis à l'autorité des souverains de la terre, accorda après avoir transporté sa résidence de Rome à Constantinople (ce qui arriva en 330), au pape saint Sylvestre et à ses successeurs, non-seulement la puissance et la dignité impériale des États-Romains, mais même les ornements impériaux et les officiers convenables. Et de peur que vous ne soupçonniez encore la donation terrestre du Saint-Siége de s'appuyer sur des fables, nous vous rapportons le privilége de Constantin pour établir la vérité et confondre le mensonge. » (Fleury, liv. 60, II.)

Pour abréger notre écrit, et malgré l'abondance des matériaux, nous ne continuerons pas la citation des pièces, qui prouvent, comme on le voit, à l'évidence, combien l'exercice du pouvoir temporel par le clergé est *dogmatiquement* contraire aux instructions précises à ce sujet des lois divines.

Examinons maintenant cette question sous les points de vue historique et du bon sens.

Le commencement authentique des possessions temporelles du siége de Rome, date depuis l'an 755. Rome étant alors assiégée par les Lombards, le pape Étienne II écrivit au roi de France Pépin et aux seigneurs français, pour les engager à venir au secours de l'Église. Dans sa lettre il fait parler saint Pierre, comme s'il eût encore été sur la terre, et il y est dit : « Si vous m'obéissez promptement, *vous vivrez longtemps, mangeant les biens de la terre*, et vous aurez *sans doute* la vie éternelle. » (liv. 43, XVII.) Fleury ajoute : « Dans cette lettre, l'Église signifie, non l'assemblée des fidèles, mais les biens temporels ; le troupeau de Jésus-Christ, ce sont les corps et non pas les âmes ; les promesses temporelles de l'ancienne loi sont mêlées avec les spirituelles de l'Évangile ; et les motifs les plus saints de la religion employés pour une affaire d'État. »

Le roi Pépin après avoir vaincu les Lombards, fit une donation de vingt-deux villes à l'Église romaine et à tous les papes à perpétuité; et voilà le premier fondement historique de la seigneurie temporelle du siége de Rome. (liv. 43, XVIII.)

Depuis ce temps les papes devinrent les administrateurs civils des États de l'Église, car pendant une longue suite d'années encore, ils s'adressèrent à la décision des rois de France et bientôt après des empereurs romains, pour le règlement des affaires séculières de Rome. Le sénat et le peuple romains, en parlant du pape, ne le nommaient point leur seigneur, mais seulement leur pasteur et leur père. Et le pape Paul, successeur d'Étienne II, tout en s'adressant au roi de France, continuait cependant à dater ses lettres du règne des empereurs de Constantinople, comme étant toujours les vrais souverains de Rome. (liv. 43, XXXI.)

Comme les États Romains étaient attaqués sans cesse par les barbares, et que les empereurs d'Orient ne pouvaient plus les défendre à cause de leur propre affaiblissement dans les guerres contre les Musulmans, le pape Léon III envoya en 795 des légats à Charlemagne, pour lui demander sa protection et le prier *de recevoir en échange le serment de fidélité des Romains et l'assurance de l'obéissance du pape.* (liv. 45, V.) (1)

Ce fut l'an 800, que le pape Léon III couronna Charlemagne empereur des Romains; ce souverain augmenta considérablement les possessions et les priviléges de l'église de Rome.

Après la mort de Charlemagne, la décadence croissante de la puissance des empereurs d'Orient et les luttes continuelles entre les souverains de l'Occident, offrirent une merveilleuse occasion à l'ambition et à l'avidité des papes. Ces

____

(1) Nous engageons le lecteur à bien retenir ces conditions.

derniers commencèrent depuis cette époque un travail sans relâche pour agrandir leurs possessions et augmenter leur pouvoir; et comme cette œuvre était de leur part une usurpation manifeste sur les lois de l'Église et sur les droits civils des souverains et des nations, elle ne put se faire d'un coup, régulièrement et ouvertement. Pour y réussir il a fallu profiter de toutes les occasions, se servir de tous les moyens, et avancer peu à peu, tantôt dans le silence et dans l'ombre, au moyen de la ruse et des promesses, tantôt en faisant gronder les foudres du ciel pour menacer, confondre et excommunier. Pour exposer cette usurpation singulière d'une manière saisissable et claire, il ne reste qu'à citer dans l'ordre chronologique les différentes tentatives qui lui servirent de bases.

En 865, le pape Nicolas Ier, dans une lettre aux évêques de France, les prie : « D'exhorter le roi Charles le Chauve à garder la paix avec l'empereur, afin que ce dernier ne soit pas obligé de tourner contre des fidèles *le glaive qu'il a reçu du vicaire de saint Pierre*, et qu'il lui soit permis de gouverner en paix les royaumes dont la succession *lui a été confirmée par l'autorité du saint siége* et par la couronne *que le souverain pontife a mis sur sa tête*. » (liv. 50, XXXVII.)

Fleury ajoute : On voit comme le pape voulait tirer en conséquence la cérémonie du couronnement et la tradition de l'épée qui en faisait partie.

En 870, le pape Adrien II ayant appris que Charles le Chauve *sans s'arrêter à ses défenses* s'était mis en possession du royaume du défunt roi Lothaire, lui écrivit : « *Nous vous enjoignons* de cesser d'envahir le royaume de ce prince, *autrement nous irons nous-mêmes et ferons ce qui est de notre ministère*. » (liv. 52, I.)

Aussi après une seconde lettre du même genre, le roi lui

répondit : « Vous nous écrivez : « Nous voulons et nous « ordonnons par l'autorité apostolique. » Nous sommes obligés de vous dire, que nous autres rois de France, n'avons pas passé jusqu'à présent pour les lieutenants des évêques, mais pour les Seigneurs de la terre. Saint Léon a dit, que le privilége de saint Pierre ne subsiste que quand on juge selon son équité. »

Ensuite il cite la modestie du pape saint Grégoire et le passage du pape saint Gélase, sur la distinction des deux puissances. (liv. 52, XXII.)

Le pape voyant qu'il avait affaire à un homme ferme et qui connaissait son droit, s'empressa d'écrire au roi une réponse très soumise, dans laquelle il s'excuse et consent à reconnaître Charles pour empereur, le priant de défendre le siége de Saint-Pierre et de *répandre ses libéralités sur son vicaire ;* mais il ajoute à la fin : « *Tenez cette lettre secrète et n'en faites part qu'à vos plus fidèles serviteurs.* » (liv. 52, XXIII.)

Cette lettre prouve suffisamment que le pape connaissait parfaitement l'injustice de ses prétentions, mais qu'il cherchait néanmoins à les faire accepter, en profitant de l'ignorance générale dans les matières de la foi.

En 986, Octavien qui avait succédé à son père dans le gouvernement civil de Rome, fut élu pape, à l'âge de 18 ans ; il prit le nom de Jean XII, et l'année suivante, réunit en ses mains les deux administrations temporelle et spirituelle. (liv. 55, L.)

On dirait que la Providence elle-même voulut manifester aux hommes combien l'exercice des deux pouvoirs dans la main d'un serviteur de l'Église, était contraire à sa volonté, en laissant consommer cette réunion par un pape, dont toute la vie fut la honte et l'opprobre de l'Église, qui fut même déposé de son siége et qui mourut comme une brute d'un coup de sang dans un lieu immonde. (liv. 56, X.)

En 1020, l'empereur Henri II, confirma les donations faites par ses prédécesseurs à l'église de Rome et les augmenta encore, *mais toujours sous la réserve de la souveraineté suprême des empereurs.* (liv. 58, XLVI.)

Du reste cette souveraineté des empereurs n'était plus que nominative, car de fait, les papes étaient déjà maîtres absolus dans leurs États.

Voilà comme le pape Grégoire VII (Hildebrandt) si célèbre par son ambition et ses abus, expliquait le droit de sa puissance universelle dans une lettre adressée à Herman évêque de Metz, en 1076 : « Il est évident que Dieu en donnant à saint Pierre le pouvoir de lier ou de délier, n'en excepta personne, pas même les rois. Et *si* le Saint-Siége a reçu de Dieu le pouvoir de juger les choses spirituelles, *pourquoi ne jugera-t-il pas aussi les temporelles?* La dignité royale a été inventée par l'orgueil humain, et la dignité épiscopale instituée par la bonté divine; *la première recherche la vaine gloire*, et la seconde aspire toujours à la vie céleste. » (liv. 62, XXXII.)

Fleury ajoute : « On y voit les fondements d'une doctrine inouïe jusqu'alors; l'Écriture nous apprend que toute puissance vient de Dieu, même celle des princes infidèles » (saint Paul aux Romains, XIII).

Du reste, l'appréciation que Grégoire VII fait lui-même de la dignité des deux pouvoirs condamne sa coupable ambition mieux que tout ce que l'on pourrait en dire.

En 1080, le même Grégoire VII inventa une nouvelle formule de serment que devaient prêter les souverains à leur élection : « *Comme vassal de saint Pierre, jurons fidélité « et obéissance au pape.* » (Liv. 63, V.)

Voici ce que nous raconte Fleury (liv. 63, XI) sur les prétentions de Grégoire VII à la domination universelle : « Grégoire VII prétendait avoir des titres particuliers pour s'assujettir tous les royaumes de l'Europe, et voici comme il les expliquait :

« Le droit de donner l'empire d'Occident, depuis que les papes couronnaient les empereurs.

« La Saxe avait été donnée en particulier à saint Pierre par l'empereur Charlemagne après qu'il l'avait conquise.

« La France, parce que (d'après des faux titres attribués à l'empereur Charles) les papes en recueillaient tous les ans 1,200 livres d'or.

« L'Angleterre, parce que le roi lui avait payé un tribut en argent.

« Le Danemarck, la Sardaigne et la Dalmatie, parce que le pape le demandait.

« L'Espagne, parce qu'elle avait appartenu jadis à l'apôtre saint Pierre ! (qui n'y avait même jamais mis le pied.)

« La Hongrie, parce qu'autrefois elle avait été donnée à saint Pierre ! (par qui ?)

« Enfin jusqu'à la Russie. »

Dieu se chargea lui-même de la punition de cet orgueilleux usurpateur : Grégoire VII est mort en 1085 à Salerne, chassé de Rome et répudié par une multitude d'évêques et de cardinaux.

En 1105, le pape Pascal II excommunia le peuple et le clergé de la ville de Liége, pour leur fidélité à leur souverain. Ce clergé lui écrivit alors une lettre dans laquelle il disait entre autres : « On doit rendre à César ce qui est à César ; le serment de fidélité aux rois étant légitime, ne peut être violé sans parjure. La prétention de dispenser de ces serments est une nouveauté introduite par le pape Grégoire VII, car l'apôtre Paul enseigne même de prier pour ces mauvais princes, afin de rester en paix ; et *le pape excite au contraire à la guerre*. D'où vient cette autorité au pape *de tirer un glaive meurtrier* outre le glaive spirituel ? Hildebrandt (Grégoire VII) est le premier, *qui mettant la dernière main aux saints canons*, a enjoint à la comtesse Mathilde, *pour la rémission de ses péchés, de faire la guerre à l'empereur Henri*. Or, nous avons appris qu'on ne peut lier ni délier personne sans examen (Luc, XVIII-3, 4). *D'où vient donc cette nouvelle maxime*, suivant laquelle on accorde aux coupables, sans confession et sans pénitence, l'impunité des péchés passés et la liberté d'en commettre d'autres ? Quelle porte ouvre-t-on par là à la malice des hommes ? » (liv. 65, XL.)

En 1115, ce même pape Pascal II écrivait au roi et aux évêques d'Angleterre, pour soutenir son autorité sur eux : « Notre Seigneur, en distribuant l'univers à ses disciples, a donné particulièrement l'Europe à saint Pierre et à saint Paul ! » (liv. 66, XXX.)

En 1158, le pape Adrien IV écrivit à l'empereur Frédéric une lettre insolente, dans laquelle il prétendit que les empereurs recevaient du siége de Rome leur couronne et leurs fiefs, à titre de vassaux. L'empereur et les seigneurs furieux chassèrent les légats du pape et s'avancèrent avec des troupes à Augsbourg. Le pape eut peur et s'empressa d'envoyer aussitôt une lettre d'excuse dans laquelle il expliquait, que malgré les termes employés dans sa première lettre, il avait voulu dire toute autre chose, et qu'en disant *conférer la couronne*, il voulait dire : nous vous l'avons imposée (liv. 70, XXIII, XXIV, XXV).

En 1201, le pape Innocent III entreprit de juger les prétentions de plusieurs princes à la couronne d'Allemagne, et pour établir le droit de son autorité dans cette question, il présenta par écrit les raisonnements suivants en plein consistoire : « Chaque roi a son royaume, mais saint Pierre a la prééminence sur tous, étant le vicaire de Celui à qui appartient le monde et tous ses habitants. Et les paroles de Dieu au prophète Jérémie : Je t'ai établi sur les nations et les royaumes pour arracher et dissiper, édifier et planter (Jérém. lib. 10), lui avaient été dites *pour le pouvoir temporel et comme au prêtre*. La décision de la présente affaire appartient principalement et finalement au Saint-Siége; principalement, parce qu'il a transféré l'empire d'orient en occident; finalement, parce que c'est lui qui donne la couronne impériale. » (liv. 75-XXXII.)

Or, nous venons de voir, par les exemples précédents, comment les papes Adrien II et Adrien IV traitaient ce droit de couronner les empereurs, quand il s'agissait de répondre à des souverains fermes et éclairés; mais Innocent III avait beau jeu devant des prétendants à la couronne, divisés par leurs disputes. Quant à la transfération de l'empire à Charlemagne par le pape Léon III, nous avons vu que ce dernier l'avait fait à la condition de son obéissance à l'empereur; par conséquent cette transfération établissait tout au contraire la souveraineté des empereurs sur les papes, et non celle des papes sur les empereurs.

Déjà, en 1199, ce même pape avait écrit exactement la même chose à l'empereur de Constantinople, Alexis l'Ange, pour prouver la supériorité du sacerdoce sur l'empire. Et Fleury fait l'observation suivante sur les raisonnements du pape : « Il est évident par la suite de ces paroles à Jérémie, citées par le pape, qu'il n'y s'agit que de sa mission prophétique et nullement de son pouvoir temporel sur les royaumes et les nations; mais malgré cela on a tiré plus tard de cette lettre une fameuse décrétale, en faveur de la supériorité du sacerdoce. » (liv. 75, IV.)

A cause des désordres infinis produits par les abus du clergé, le roi saint Louis fut enfin obligé de faire, en 1235, une ordonnance par laquelle il décréta que ses sujets laïques ne seraient plus soumis au tribunal des ecclésiastiques dans les affaires civiles. Le pape Grégoire IX en fut très mécontent et, pour rétablir l'autorité temporelle de l'Église, écrivit au roi que Dieu avait confié au pape tout ensemble les droits de l'empire terrestre et du céleste, et le menaça d'excommunication. Mais le saint roi ne l'écouta pas cependant. (liv. 80, LIII, LIV.)

La même année 1235, Grégoire IX écrivait à l'empereur Frédéric, pour établir ses droits d'autorité temporelle sur toute la terre : « Il est manifeste que l'empereur Constantin, dont la monarchie s'étendait par tout le monde, se choisit une nouvelle résidence en Grèce, en donnant aux papes le pouvoir impérial sur le duché de Rome : d'où le Saint-Siége a transféré ensuite l'empire à Charlemagne, sans en diminuer en rien la substance de sa juridiction et de sa supériorité sur les empereurs, à qui l'Église donne le glaive à leur couronnement. » (liv. 80, LXI.)

Le lecteur doit voir que tous les papes basaient toujours leur étrange usurpation sur les mêmes raisonnements erronés; et comme en parlant plus haut du pape Innocent III, nous avons suffisamment prouvé la fausseté de ses assertions relativement à la supériorité du pouvoir civil des papes sur celui des empereurs, de même ici nous allons, une fois pour toutes, renverser facilement la fable de la donation de Constantin.

Son absurdité est manifeste : comment, c'est en 330, lors de la translation de la résidence du siége de l'empire par

Constantin de Rome à Byzance, que cette donation aurait eu lieu, — et ce n'est qu'en 1053 qu'elle aurait été découverte par le pape Léon IX à l'insu de tous ses prédécesseurs?

De quelle manière aussi l'autorité des successeurs de l'empereur Constantin continua-t-elle à être reconnue à Rome jusqu'à la fin du huitième siècle? Car, comme nous l'avons dit plus haut, le pape Paul, qui occupa le siége depuis 757 à 767, datait encore ses lettres du règne des empereurs de Constantinople. Si même il était possible d'admettre que les papes n'aient rien su de l'existence d'une donation de cette importance, il est évident que Constantin du moins ne devait pas l'oublier et que ses héritiers n'auraient pu se succéder les uns aux autres dans la possession de Rome. Plus tard, en 800, par le couronnement de Charlemagne, le pape Léon III transféra effectivement l'autorité perdue des empereurs d'Orient sur Rome, à ceux de l'Occident. Comment Léon IX pouvait-il donc, en 1053, c'est-à-dire 253 ans après la reconnaissance de Charlemagne pour empereur romain, prétendre tout à coup établir le droit de la souveraineté des papes sur Rome, d'après une prétendue donation faite en 330 par des empereurs d'Orient, *dont l'autorité n'existait plus à Rome depuis l'an* 800, et de la décision même du pape Léon III et du peuple romain?

Le mensonge est trop évident; cependant c'est cette fable grossière qui servit de base principale à l'introduction historique de la souveraineté temporelle des papes.

En 1240, le pape Grégoire IX ayant excommunié et déposé l'empereur Frédéric et voyant qu'on n'y avait pas égard, écrivit au roi saint Louis pour l'engager à faire la guerre à l'empereur. Le roi répondit : « Comment ce pape a-t-il osé déposer l'empereur, qui a fidèlement servi Jésus-Christ en terre-sainte, tandis qu'en son absence le pape s'efforçait de le dépouiller de ses États? Qu'importe à Rome que nous prodiguions notre sang, pourvu que nous contentions ses passions? Si le pape par nous ou par d'autres soumet Frédéric, il en deviendra infiniment fier et foulera aux pieds tous les princes. Nous enverrons des ambassadeurs pour connaître les sentiments de l'empereur touchant la foi. S'il est orthodoxe, pourquoi l'attaquerions-nous? S'il est dans l'erreur, nous le poursuivrons, comme nous en aurions à l'égard de tout autre et du pape même. » (liv. 81, XXXVI.)

En 1288, le pape Nicolas IV accorda aux frères mineurs le privilége de ne dépendre que des papes, mais avec la condition que tous les biens qu'ils pourraient acquérir, appartiendraient en entier à saint Pierre (c'est-à-dire au pape). Ensuite il les employa particulièrement pour exercer l'inquisition, dont la procédure inouïe fut étendue aussi aux affaires temporelles. (liv. 88, L, LI.)

En 1501, le roi de France, Philippe le Bel, fit emprisonner l'évêque de Pamiers, qui avait tenté de soulever contre lui les comtes de Foix et de Comminges; le pape Boniface VIII lui envoya une bulle fulminante, remplie d'insolences et de menaces. Le roi fit brûler cette bulle publiquement. A la suite de cela le pape tint un concile à Rome, le 18 novembre 1502, et y proclama la fameuse bulle *unam sanctam*, dans laquelle il dit : « Dans la puissance de l'Église sont deux glaives, le spirituel et le temporel; or, il faut qu'un glaive soit soumis à l'autre, c'est-à-dire la puissance temporelle à la spirituelle, autrement elles ne seraient pas ordonnées, et elles doivent l'être selon l'apôtre (Rom. XIII). Donc, si la puissance terrestre s'égare, elle sera jugée par la spirituelle; et c'est Dieu seul qui juge la souveraine puissance spirituelle, puisque l'apôtre dit : L'homme spirituel juge de tout et personne ne le juge (1ᵉ Cor.). Donc, quiconque résiste à cette puissance résiste à l'ordre de Dieu, à moins qu'il ne reconnaisse deux principes de puissance, ce que nous jugeons faux et hérétique. Enfin, nous déclarons qu'il est de nécessité de salut que toute créature humaine soit soumise au pape. » (liv. 90, VI, VIII, XVIII.)

Mais voici ce que dit là-dessus Fleury : « En cette constitution, il faut soigneusement distinguer l'exposé et la décision ; toute l'exposition tend à prouver que la puissance temporelle est soumise à la spirituelle, et que le pape a droit d'instituer, de corriger et de déposer les souverains. Cependant Boniface, tout entreprenant qu'il était, n'osa tirer cette conséquence qui suivait naturellement de ses principes ; ou plutôt Dieu ne le permit pas, et Boniface se contenta de décider en général que tout homme est soumis au pape ; vérité dont aucun catholique ne doute, *pourvu qu'on restreigne la proposition à la puissance spirituelle*. Quant au reproche d'admettre deux principes si on ne reconnaît la subordination des deux puissances, ce reproche tomberait, par conséquent, sur tous les anciens pères et particulièrement sur le pape saint Gélase, qui dit nettement : Il y a deux moyens par lesquels ce monde est gouverné, l'autorité sacrée des évêques et la puissance royale ; les évêques obéissent aux rois pour les choses temporelles, sachant que ces derniers ont reçu leur puissance d'en haut. Les deux puissances viennent également de Dieu, doivent être unies entre elles et s'aider mutuellement. » (Gel. Epist. 8.)

Pour convaincre le lecteur encore mieux de la fausse application que le pape fait des paroles du grand apôtre saint Paul, nous allons transcrire les deux passages indiqués textuellement, avec tout ce qui les précède, pour faire bien comprendre leur véritable sens :

(Rom. XIII, 1, 2, 3, 4, 6, 7) : « Que toute personne

« soit soumise aux puissances supérieures ; car il n'y a point
« de puissance qui ne vienne de Dieu, et c'est lui qui
« a établi toutes celles qui sont sur la terre. Celui donc
« qui résiste aux puissances résiste à l'ordre de Dieu ;
« et ceux qui y résistent attirent la condamnation sur
« eux-mêmes. Les princes ne sont point à craindre, lors-
« qu'on ne fait que de bonnes actions. Si vous faites mal,
« vous avez raison de craindre le prince, parce que *ce n'est*
« *pas en vain qu'il porte l'épée. Car il est le ministre de*
« *Dieu pour exécuter sa vengeance, en punissant celui qui*
« *fait de mauvaises actions.* C'est pour cette même raison
« que vous payez le tribut aux princes, parce qu'ils sont *les*
« *ministres de Dieu toujours appliqués aux fonctions de*
« *leur ministère.* Rendez donc à chacun ce qui lui
« est dû. »

Peut-on expliquer plus distinctement que la mission de
juger et de punir les mauvaises actions, ainsi que le droit de
percevoir les impôts, c'est-à-dire *l'exercice entier du gouver-*
nement civil, a été donné par Dieu uniquement aux princes ; que ces derniers *sont aussi les ministres de Dieu* dans
la pratique des fonctions de leur ministère ; *que ce n'est pas*
en vain qu'ils ont reçu l'épée *ou le glaive temporel,* mais
pour exercer le devoir de leur charge, qui consiste à punir
les coupables ; *et surtout qu'il faut obéir également* aux
puissances établies par Dieu, c'est-à-dire la spirituelle et la
temporelle, en rendant *à chacune d'elles ce qui lui est dû,*
car elles sont distinctement séparées.

Voyons l'autre passage :

(1re aux Cor. II, 12, 13, 14, 15) « Nous n'avons point
« reçu *l'esprit du monde,* mais l'esprit de Dieu, afin que
« nous connaissions les dons que Dieu nous a faits ; et nous
« *les annonçons, non* avec les discours qu'enseigne *la sagesse*

« *humaine*, mais avec ceux que *le Saint-Esprit enseigne*,
« TRAITANT SPIRITUELLEMENT LES CHOSES SPIRITUELLES. Or,
« *l'homme animal* n'est point capable des choses qui sont
« de l'esprit de Dieu ; et *il ne peut les comprendre*, parce que
« *c'est par une lumière spirituelle qu'on doit en juger.*
« Mais l'homme spirituel juge de tout *et n'est jugé de per-*
« *sonne.* »

On voit par là que les apôtres n'ont reçu de Dieu qu'une mission purement spirituelle ; que nul homme *n'est capable* de pouvoir appliquer l'esprit de Dieu *aux idées mondaines*, car l'enseignement du Saint-Esprit *ne traite que spirituelle-ment des choses spirituelles*, mais que l'homme qui cherchera à appliquer cet enseignement aux choses spirituelles, ne se trompera point, et par conséquent aussi *son jugement ne pourra être accusé d'erreur*, ou comme dit l'apôtre, *ne sera jugé de personne.*

Il faut être privé complétement de raison, ou ne pas craindre de mentir à Dieu, pour oser nier le sens si précis de ces maximes.

Les excès des excommunications, des dépositions de souverains et de l'oppression générale devinrent enfin si monstrueux, qu'au commencement du quatorzième siècle les princes, les peuples et même le clergé, cherchèrent à leur résister et à les combattre. Les papes alors, pour donner plus de force et un certain droit à leur tyrannie, introduisirent une nouvelle prétention : ils se proclamèrent *infaillibles.*

Et pour faire accepter cette idée plus facilement, on disait que cette infaillibilité ne devait s'appliquer qu'à la décision des questions dogmatiques ; mais au fond et dans le fait elle se rapportait à toutes les affaires sans exception, car les papes avaient la précaution d'établir toujours leurs jugements temporels sur un sens détourné de quelque texte des Écritures; de sorte qu'entre leurs mains toute question devenait dogmatique. On disait encore que cette infaillibilité ne s'attachait qu'aux décisions des papes prises en concile de cardinaux. Mais, dans ce cas, ce ne serait plus de la décision du pape qu'il s'agirait, mais de celle du concile; de quel droit alors voudrait-on appliquer le titre d'infaillible au pape ?

Si l'on fait attention que presque tous les cardinaux étaient les créatures des papes, choisis parmi leurs parents et les personnes qui leur étaient le plus dévouées; que, d'autre part, le pouvoir des papes sur eux était absolu; et enfin, que les papes ne soumettaient jamais l'examen des questions qui se rapportaient directement à leur pouvoir et à leurs priviléges, au jugement des cardinaux, on pourra comprendre sur qui il faut reporter ce titre inouï d'*infaillible*. Nous allons prouver notre raisonnement par les faits suivants :

A la mort du pape Clément VI, en 1352, les cardinaux étant entrés en conclave, firent plusieurs règlements contre les abus des papes devenus insupportables même pour eux; ils jurèrent tous de les observer inviolablement, quand l'un d'eux serait nommé au siége de Rome. Mais Innocent VI, à peine élu pape, s'empressa de révoquer ces règlements, par une bulle du 30 juin 1355, dans laquelle il s'exprime ainsi : « L'écrit dont il s'agit porte préjudice à la PLÉNITUDE *de puissance que Dieu même* DE SA BOUCHE *a donnée* AU PAPE SEUL, puisqu'il prétend la borner par certaines règles. » (liv. 96, XIV, XVII.)

A la mort de Calixte III, en 1458, les cardinaux en conclave dressèrent et jurèrent aussi plusieurs articles contre les abus des papes; entre autres : « Le pape futur observera l'ordonnance du concile de Constance, relativement au nombre et à la qualité des cardinaux. *Il ne permettra plus d'insérer dans aucune bulle la clause* : *Du consentement de nos frères*, — SANS L'AVOIR EFFECTIVEMENT DEMANDÉE ET OBTENUE. Il ne s'emparera point des biens des prélats ou autres courtisans lors de leur mort. Il ne mettra point de nouveaux impôts et n'augmentera point les anciens. Les cardinaux s'assembleront tous les ans pour voir si le pape observe ces articles. » (liv. 105-XLV.)

A l'élection du pape Innocent VIII, en 1484, il jura aussi en conclave plusieurs articles pour le bon gouvernement de l'Église. (liv. 104-VI.)

Mais toutes ces bonnes mesures ne furent jamais observées.

Retournons un peu sur nos pas pour remarquer les protestations qui commencèrent à se produire contre les abus du pouvoir papal.

En 1324, dans les actes de la grande diète de Saxenhausen, assemblée par l'empereur Louis, il fut dit : « Le pape Jean XXII est ennemi de la paix et ne tend qu'à exciter la division, non seulement en Italie, mais encore en Allemagne, révoltant tout le monde contre l'obéissance légitime due aux souverains. Il a dit publiquement *que, quand les rois sont divisés, c'est alors que le pape est vrai pape et craint de tout le monde.* Il ne s'est pas contenté d'attenter sur l'empire temporel des couronnes, il a même attaqué Jésus-Christ avec ses apôtres et la doctrine évangélique de la pauvreté parfaite, qu'il s'efforce de renverser non seulement par sa vie scandaleuse, mais encore par sa doctrine hérétique et empoisonnée. » (liv. 93-XIII.)

Effectivement, le pape Jean XXII, pour avoir un prétexte et une excuse de contenter son avidité, osa publier les idées les plus extravagantes et sacrilèges contre la doctrine de notre Seigneur touchant la pauvreté.

Pour en donner une idée, nous citerons un extrait de deux lettres adressées, en 1531 et 1535, par Michel Césène, ancien général des frères mineurs, à tous les membres de cet ordre, et dans lesquelles il parlait contre les hérésies suivantes publiées par le pape Jean XXII : « Le pape soutient que : 1º Jésus-Christ, en tant qu'homme, dès l'instant de sa conception, reçut de Dieu le domaine universel *de toutes les choses temporelles*. 2º Il n'a jamais conseillé à ses disciples de renoncer à la propriété *de toutes les choses temporelles*. 3º Il n'a pas donné à ses apôtres d'autre règle de vie qu'au reste de ses disciples, *dont quelques-uns étaient riches*. 4º *La défense* qu'il fit aux apôtres de porter de l'argent ou des souliers ne regardait *que le temps de leur seule mission pour prêcher l'Évangile*. De la doctrine hérétique de Jean il s'ensuit que celle de Jésus-Christ fut trompeuse et illusoire, lorsqu'il dit : Mon royaume n'est pas de ce monde ; c'est-à-dire qu'il ne se rapporte pas aux choses temporelles, comme l'explique saint Augustin. » (liv. 94-XV, XXVI.)

Nous voyons même le concile de Constance, tenu en 1415, déclarer, à sa quatrième session, le décret suivant contre la domination des papes : « Ce saint concile déclare que ce concile général représentant l'Église catholique, tient sa puissance immédiatement de Jésus-Christ ; et que tout homme, de quelque état et dignité qu'il soit, même le pape, est tenu de lui obéir en ce qui regarde la foi *et la réformation générale* de l'Église *en son chef* et en ses membres. » (liv. 101-VI.)

Et comme depuis un temps infini les papes avaient cessé de convoquer des conciles généraux, dans la crainte de voir ces derniers condamner leur usurpation de pouvoir et les en priver, le concile de Constance décréta encore le fameux chapitre *frequens*, où il est dit : « Tous les dix ans le pape est obligé de convoquer un concile général, et s'il manque de le faire en son temps ou de s'y rendre en personne dans le courant de quatre mois, il sera suspendu de ses fonctions par ce seul fait. Et si après cela il persiste encore à résister pendant deux mois, le concile pourra procéder contre lui jusqu'à la privation de sa dignité (liv. 102-LIII). — A la onzième session du concile de Bâle, en 1435, on publia de nouveau ce chapitre *frequens*. Dans une lettre à l'empereur Frédéric, du 5 février 1443, le pape Eugène IV reçut avec respect le concile de Constance et particulièrement le décret *frequens* (liv. 103-XVIII). Et, en 1446, Eugène IV reconnut aussi, à la diète de Francfort, l'autorité des conciles généraux comme elle avait été expliquée aux conciles de Constance et de Bâle (liv. 103-XVII). Mais ce que les papes promettaient en paroles, ils l'éludaient toujours en action.

Croirait-on qu'après la découverte de l'Amérique, le pape Alexandre VI accorda, en 1493, au roi Ferdinand de Castille, *la propriété de toutes les terres qu'il découvrirait désormais?* (Liv. 104-XXXI.)

« Au mois de septembre de l'année 1505, fut tenue à Tours une grande assemblée du clergé, des prélats et des docteurs du royaume, par ordre du roi Louis XII, sous la présidence de François de Rohan, archevêque de Lyon. On y jugea huit cas de conscience sur la conduite que le roi devait tenir lorsqu'il était en différent avec le pape sur les affaires temporelles. Il fut décidé que les papes n'avaient aucun droit temporel sur les états des princes séculiers; que ceux-ci pouvaient même s'emparer des États du pape, quand celui-ci les attaquerait le premier, mais seulement pour l'obliger à la paix, sans prétendre ensuite retenir ces terres conquises. Que, dans tous les cas, les excommunications et les décrets des papes contre les princes étaient nuls et sans effet; et que,

dans ces cas, on aurait recours à des conciles généraux conformément à la pragmatique sanction et aux décrets du concile
de Bâle. Que les princes pouvaient même prendre la défense
des autres princes attaqués par le pape. » (liv. 104-LXI.)

Nous ne parlerons pas de toutes les calamités et de tous
les crimes qui se produisirent dans les États et l'Église à
l'avénement du protestantisme. Mais nous sommes obligés
d'observer que la cause principale et fondamentale de cette
séparation dans l'Église, *fut uniquement la tyrannie insupportable et les excès inqualifiables du pouvoir temporel du
clergé et surtout des papes.* Les premiers cris du protestantisme furent les gémissements des victimes contre l'oppression des bourreaux. Jamais les peuples chrétiens n'auraient
eu ni le désir, ni l'idée d'entrer dans l'examen des questions
dogmatiques de la foi, établies depuis quinze siècles ; mais,
quand les papes firent de la doctrine de charité et de paix
un instrument de ruine et de cruauté, les malheureux peuples se révoltèrent ; ils comprirent que le Christ n'avait pu
instituer une morale aussi odieuse. Privés de la tranquillité
de leur existence, ruinés par la cupidité sans bornes du clergé,
ces malheureux essayèrent au commencement de demander
justice à leurs oppresseurs eux-mêmes. Mais, comme les
papes non seulement ne voulurent diminuer en rien leurs
abus, mais qu'ils se mirent même à les appuyer et à les
expliquer par de prétendues interprétations des Écritures,
ces infortunés recoururent alors à une étude sérieuse des
lois divines. Leur indignation fut immense quand cet examen de l'Évangile leur fit découvrir toute l'imposture du
clergé ; les passions humaines se soulevèrent des deux côtés
et amenèrent enfin la déplorable séparation de l'Église. Si
actuellement il y a quatre-vingt millions de protestants
séparés des cent trente millions de leurs frères catholiques

romains, la faute en est uniquement aux papes ; c'est eux qui en répondront devant le tribunal de Dieu, car ils ne voulurent pas suivre l'enseignement solennel que le Christ leur avait légué, dans sa prière au Père éternel après la sainte Cène, quand il dit : « Père saint, conservez en votre nom « ceux que vous m'avez donnés, *afin qu'ils soient un comme* « *nous.* Lorsque j'étais avec eux, je les conservais en votre « nom. J'ai conservé ceux que vous m'avez donnés, et *nul* « *d'eux ne s'est perdu;* il n'y en a eu de perdu que celui « (Judas) qui était enfant de perdition, afin que l'Écriture « fût accomplie. » (Saint Jean, XVII, 11, 12.)

Les premiers germes des doctrines protestantes furent prêchés en Angleterre, en 1370, par Jean Wiclef, docteur en théologie et curé au diocèse de Lincoln. Il disait : « Dieu ne peut donner à un homme pour lui et ses héritiers un domaine civil à perpétuité. S'il y a une volonté divine, elle doit permettre aux souverains temporels le droit légitime d'ôter les biens de fortune à une Église coupable. Jésus-Christ n'a point appris à ses disciples à excommunier les fidèles pour les choses temporelles. Le pape, ou tout autre, ne lie ou ne délie que quand il se conforme à la loi du Christ (1). Un ecclésiastique et le pape même peut légitimement être repris et accusé, quand il est coupable, par ceux qui lui sont soumis et même par des laïques. »

En 1415, à Londres, les wicléfistes soutinrent devant une assemblée d'évêques : qu'il ne faut obéir au pape et aux évêques qu'en tant qu'ils imitent Jésus-Christ et saint Pierre dans leurs mœurs et leur manière de vivre. (liv. 100, LV.)

Les Hussites de Prague ne voulurent conclure une trêve avec l'empereur Sigismond, en 1420, qu'à la condition qu'on

---

(1) Le pape saint Léon l'avait dit aussi.

ôterait au clergé la possession des biens et la jurisprudence temporelle.

En 1523, les membres de la diète tenue à Nuremberg déclarèrent au nonce du pape : « Qu'ils étaient touchés des désordres dans l'Église, mais que Luther, ayant par ses écrits confirmé le peuple dans la persuasion où il était depuis longtemps, que la cour de Rome avait par ses abus causé beaucoup de maux en Allemagne, on ne pouvait plus employer contre lui la force sans allumer une guerre civile, et qu'il fallait recourir à des remèdes plus efficaces, tels que la réforme de la cour de Rome. » Ensuite la diète envoya au pape Adrien VI le fameux mémoire nommé *Centum gravamina*, ou des cent griefs contre la cour de Rome. Il y est dit entre autres : « La nation germanique se plaint d'abord de ce qu'il y avait un très grand nombre de constitutions humaines, sur des choses qui n'étaient ni commandées, ni défendues par la loi divine. Que les indulgences sont devenues un joug insupportable, qui épuise l'argent des Allemands et ouvre la porte à toutes sortes de crimes, en promettant l'impunité pour de l'argent. » Ils déclarèrent enfin : « Qu'ils étaient déterminés à recourir à des moyens extrêmes pour sortir de l'oppression dans laquelle on les tenait depuis si longtemps. » (Tabulæ centum gravam. german. natio.) Cet édit fut publié le 6 mars 1523, au nom de l'empereur. (liv. 105, XXXIV, XXXV.)

L'année suivante, le pape Clément VII, successeur d'Adrien VI, envoya son légat à la diète de Nuremberg, « en lui défendant d'accorder tout ce qui toucherait au pouvoir des papes, et lui recommanda de faire semblant d'ignorer les cent griefs proposés à Adrien par la diète précédente et les réponses de ce pape, et, comme si l'Allemagne n'avait pas été bouleversée au sujet de Luther, depuis que ce dernier avait été condamné par Léon X. » (liv. 106, I.) C'est ainsi que les papes rendaient habituellement justice, quand il s'agissait de modérer leurs abus ; voilà comment ils prenaient soin de la conduite de leur troupeau, et suivaient l'instruction du Christ, qui a dit : « Je suis le bon pasteur. *Le bon « pasteur donne sa vie pour ses brebis.* Mais le mercenaire « est celui qui, voyant venir le loup, abandonne les brebis « et s'enfuit ; *et le loup les ravit, et disperse le troupeau.* « Le mercenaire s'enfuit, *parce qu'il ne se met point en « peine des brebis.* Pour moi, je suis le bon pasteur, et je « donne ma vie pour mes brebis. » (Saint Jean, X, 11, 12, 13, 14, 15.)

Le succès du protestantisme provient de deux causes principales : Les souverains et les peuples en profitèrent pour secouer le joug affreux du pouvoir temporel du clergé et pour rentrer dans la possession de tous les biens qu'avait usurpés ce dernier.

On doit attribuer la seconde cause à l'ignorance absolue des préceptes de la foi, dans laquelle le clergé s'était constamment appliqué à maintenir le peuple, afin de pouvoir le dominer aveuglément et de se procurer le moyen de commettre tous ces abus au nom même de cette foi. Jamais on n'a voulu entrer dans un examen public et libre des doctrines protestantes, les comparer aux préceptes soutenus à Rome, et vérifier ensuite les arguments des deux parties avec l'esprit de l'Évangile. On s'est contenté de condamner dans des conciles, où le pouvoir des papes était absolu, les idées protestantes en masse, sans faire la distinction de ce qu'elles renfermaient d'orthodoxe ou d'hérétique. Ce n'est pas ainsi qu'agit la bonne foi.

Aussi que voyons-nous ? « En 1537, à l'assemblée de Smalkalde, les princes protestants refusèrent de se rendre au futur concile que l'on voulait réunir à Mantoue, disant qu'ils ne pouvaient accepter un concile où le pape et ses évêques assistaient *comme juges et parties.* Mélanchton ajouta : « *Que si le pape voulait seulement suivre les préceptes de l'Évangile, pour la paix et la commune tranquillité de ceux qui sont déjà soumis à son autorité, ou qui le seront à l'avenir, nous lui pouvons accorder la supériorité sur les évêques, qu'il possède déjà de droit humain.* (liv. 107, XXXIV.)

Mais les papes ne voulurent jamais rien corriger, ni diminuer en rien leurs abus.

Quelle en fut la conséquence? Les princes allemands s'empressèrent d'embrasser la nouvelle religion pour s'affranchir de l'asservissement du clergé et pour lui reprendre tous les biens qu'il avait usurpés.

« En 1527, le luthéranisme fut établi en Suède par le roi Gustave, *contre sa propre conviction religieuse,* rien que pour contrebalancer la puissance du clergé et raffermir la couronne sur sa tête. Tous les biens du clergé lui furent repris et rendus aux héritiers de ceux à qui on les avait soutirés, la juridiction des ecclésiastiques fut cassée et renvoyée aux séculiers, enfin on ôta tous les priviléges au clergé. *Les Suédois en reçurent un bien-être matériel,* qui plus tard les empêcha de revenir au catholicisme, quand le fils de Gustave voulut les y ramener. » (liv. 106, XXI.)

En 1535, Henri VIII, roi d'Angleterre, défendit de donner le nom de pape à l'évêque de Rome, et on ajouta dans les litanies ces paroles : « *De la tyrannie de l'évêque de Rome et de ses détestables excès délivrez-nous, Seigneur !* » (liv. 107, XVIII.)

Plus tard, en 1541, on dressa en Angleterre une exposition de la doctrine chrétienne; les dogmes et les rites demeurèrent conformes à l'ancien usage de l'église latine; mais la puissance du pape fut rejetée. (liv. 108, III.)

« Le protestantisme s'introduisit à Genève depuis 1531, et quand le catholicisme y fut aboli entièrement, on grava sur une table d'airain, que l'on voit encore à l'hôtel de ville, l'inscription suivante : « *En mémoire de la grâce que Dieu nous a faite d'avoir secoué le joug de l'Ante-Christ romain, aboli ses superstitions, et recouvré notre liberté par la défaite de nos ennemis.* » (liv. 107, XXIII.)

« Le pape Paul III, voulant préparer les sujets sur lesquels on devait délibérer à un futur concile général, fit dresser un mémoire de toutes les questions qui pourraient être utiles à rendre la paix à l'Église et à lui donner son lustre primitif. Ce mémoire reçut le titre suivant : Avis pour la réforme de l'Église, dressé par les cardinaux et autres prélats choisis par notre saint-père le pape Paul III, composé par son ordre et présenté à sa sainteté en 1538. »

« Dans cette pièce, les commissaires commencent par rejeter *la source de tous les maux de l'Église sur l'opinion exagérée de cette foule de docteurs qui flattaient les papes, en disant que tout ce qu'ils voulaient leur était permis. Opinion monstrueuse, qui a ouvert la porte à tous les abus. Source impure, qu'il faut se hâter de tarir, car c'est elle qui a mis l'Église dans un état si déplorable, qu'elle est devenue l'objet de la risée et des insultes des infidèles.* » (liv. 107, XXXVII.)

Mais, au lieu de songer à corriger les malheureux abus et les funestes désordres déjà introduits dans l'Église, les papes, au contraire, recherchèrent les occasions de se procurer de nouvelles armes d'usurpation. C'est ainsi que Paul III approuva, le 27 septembre 1540, l'institution de l'ordre des clercs réguliers de la compagnie de Jésus, dont les membres devaient au pape une obéissance absolue et sans bornes. Les statuts de cet ordre renferment un mélange incroyable de devoirs temporels et spirituels; ses membres sont soumis à un esclavage occulte et incessant, qui écrase en eux complétement la dignité du libre arbitre de l'homme et du chrétien. Tout y est mystère, ténèbres et astuce; aussi cette nouvelle armée invisible et envahissante devint-elle le soutien le plus ferme des principes tyranniques et fanatiques du papisme.

L'histoire du christianisme par Fleury s'arrête à l'année 1546. N'ayant pas eu le temps de trouver un autre ouvrage aussi consciencieux que celui-là, d'un auteur appartenant à l'Église latine, nous sommes obligé de tirer le peu de chose qui nous reste à dire, de l'Histoire de la Papauté pendant les xvie et xviie siècles, par Ranke (traduite en français par A. de Saint-Chéron, à Paris, 1848). Du reste, les quelques faits qu'il nous reste à rapporter pour l'instruction complète de nos lecteurs, sont purement du domaine de l'histoire, et seront accompagnés de l'indication des sources d'où ils ont été tirés.

La reconnaissance définitive de l'autorité et de la suprématie universelle des papes fut établie au concile de Trente en 1563. Par les décisions de ce concile, les fidèles de l'Église romaine furent soumis à une dépendance ecclésiastique d'une sévérité rigoureuse; la hiérarchie du clergé fut fondée, et les évêques furent obligés de s'engager solennellement à une soumission entière envers le pape, par une profession de foi qu'ils signèrent et jurèrent d'observer éternellement.

La papauté en sortit plus inflexible que jamais, avec un pouvoir absolu concentré en ses mains; le pape reçut même le droit d'interpréter les canons du concile et d'imposer arbitrairement les règles de la foi.

Ce triomphe incroyable de la domination de Rome a eu pour causes les circonstances suivantes :

Les désordres et les divisions dans l'Église et entre les peuples, produits par l'apparition des doctrines protestantes depuis cent soixante ans, exigeaient un remède prompt et urgent. Depuis longtemps déjà, les souverains et les nations demandaient la convocation d'un concile général; mais les papes évitaient toujours soigneusement de satisfaire à cette juste réclamation, dans la crainte de perdre toute leur autorité temporelle.

Pie IV ne put enfin, dans son propre intérêt même, résister plus longtemps aux réclamations unanimes de toutes les nations catholiques, car les Français menaçaient d'assembler chez eux un concile national, sans la participation du pape. Le 18 janvier 1562, on ouvrit le concile de Trente; mais on passa dix mois sans pouvoir même achever la première session, à cause de la différence des opinions et des tendances, qui régnaient entre les membres du concile, composés des quatre nations italienne, espagnole, française et allemande.

Les évêques espagnols, pour s'affranchir de l'oppression du pouvoir papal et surtout de celui du roi, qui pesait sur eux d'une manière toute particulière, prétendaient justement que le pouvoir épiscopal établi immédiatement par Dieu, ne pouvait être une émanation de la volonté papale, comme on le déclarait à Rome, et par conséquent ne devait pas être empêché et resserré dans l'exercice de ses attributions. Les ambassadeurs de l'empereur d'Autriche, Ferdinand Ier, demandaient que le pape s'humiliât à l'exemple du Christ, en se prêtant à une réforme sous le triple rapport de sa personne, de son État et de sa cour. Ils voulaient aussi qu'on s'occupât de réformer les règles de la nomination des cardinaux, par la raison : « que si ces derniers ne sont pas bons, comment choisiraient-ils un bon pape? » Les Français cherchèrent en outre à reproduire les décrets des conciles de Constance et de Bâle, qui établissaient l'autorité d'un concile général au-dessus de celle du pape. Il y eut pourtant deux points, sur lesquels ces trois nations se réunirent étroitement pour s'opposer aux prétentions de la cour romaine. D'abord, que les légats du pape eussent seuls le droit de faire des propositions au concile ; puis, que les légats prissent l'avis personnel du pape sur chaque décision qui était à formuler, ce qui paraissait une grande injure à la dignité du concile.

Mais les Italiens, qui formaient le parti le plus nombreux, opposèrent la plus vive résistance aux propositions des autres nations, et défendirent dans toutes les questions l'opinion de la cour de Rome. — Ils le firent pour deux raisons : d'abord, la plupart d'eux dépendaient du pape ; ensuite, ils craignaient qu'en ramenant la position des papes à la simple dignité d'évêque de Rome, ce changement n'entraînât la ruine de tous les emplois de la cour, aux dépens desquels ils vivaient. De cette manière, les affaires du concile n'avançaient point du tout et les choses paraissaient même désespérées, lorsque Pie IV, qui avait compris que la papauté ne pouvait plus se maintenir qu'en unissant ses intérêts avec ceux des princes et en agissant en tout de concert avec ces derniers, eut la pensée de tenter la résolution des difficultés par la voie diplomatique. Comme tout dépendait de l'empereur Ferdinand Ier, auquel s'étaient joints les Français, et qui était aussi l'oncle du roi d'Espagne, il lui envoya en ambassade le cardinal Morone, homme d'une habileté extraordinaire et très versé dans la diplomatie. Ce dernier trouva moyen de calmer l'irritation de l'empereur et de l'amener au parti du pape, en faisant avec beaucoup de déférence toutes les concessions possibles à ses désirs personnels, sur des questions secondaires, sans céder toutefois sur les choses essentielles, qui auraient pu affaiblir l'autorité papale. Morone a dit lui-même : « *Il faut que l'empereur croie avoir reçu satisfaction, sans que l'on touche en rien à l'autorité du pape et des légats.* » (Relatione sommaria del cardinal Morone, sopra la legatione sua. Bib. Altieri à Rome; Ranke, liv. 5, § VII.)

C'est ainsi qu'on admit, que Morone, nommé par le pape président du concile, présenterait à l'examen de ce dernier toutes les propositions que lui donneraient les ambassadeurs des princes, leur abandonnant le droit de le faire eux-mêmes, si lui s'y refusait jamais. Mais ce droit ne fut pas étendu aux autres membres du concile. On promit aussi à l'empereur de faire une réforme véritablement efficace sur toutes les plaintes contre les abus du pouvoir ecclésiastique, à condition que l'on évitât de parler *de la réforme du chef de l'Église*, ainsi que de la vieille question de la Sorbonne : L'autorité du *concile est-elle ou n'est-elle pas au-dessus de celle du pape?*

Mais ce qui contribua le plus à maintenir la puissance de la papauté, ce fut la position particulière du roi d'Espagne Philippe II, qui pour rester le maître absolu dans ses états, avait besoin de conserver un pouvoir illimité sur le clergé de son royaume et, par conséquent, ne pouvait accorder à ce dernier aucune indépendance vis-à-vis de l'autorité du pape, sans ébranler du même coup la sienne. Le roi et le pape firent dans cette circonstance une alliance étroite dans un intérêt commun et identique. Cette dernière circonstance produisit même une décision très étrange dans les décrets du concile, et qui prouve à l'évidence combien la bonne foi y prit peu de part. Comme les évêques de l'Espagne soutenaient toujours la nécessité de conserver l'indépendance de leur autorité, dans l'exercice de leur ministère divin, et que l'archevêque de Grenade désirait même faire prohiber tous les livres dans lesquels on exposait des opinions contraires,

(Scritture nelle lettere e memorie del nunzio Visconti, t. II, p. 174), on fit une clause dans les canons du concile, par laquelle les évêques de l'Espagne pouvaient *plus tard*, si *le désir leur en prenait, défendre cette opinion.* (« Ejus verba in utramque partem pie satis posse exponi. » Paleotto dans Mendham. Memoirs of the conncil of Trent, p. 262.)

Le cardinal de Guise avait réussi de son côté, par son influence et son adresse, à gagner le consentement de la France.

Voilà donc, comment les intérêts personnels et purement politiques des princes, soutenus par la force de leur puissance, amenèrent la consolidation d'un ordre de choses funeste et déplorable, au moyen de l'autorité même d'un concile, qui avait été convoqué au contraire dans le but de corriger tous ces abus. Du reste, toutes ces constitutions furent résolues par la voie des négociations diplomatiques entre les cours, mais non au concile même; et ce fut encore la volonté et la puissance des princes qui procurèrent de pareils résultats.

Il serait superflu et trop long de faire ici une exposition suivie et détaillée de toutes les transitions qui se produisirent dans l'exercice du pouvoir temporel des papes, depuis le concile de Trente jusqu'à nos jours. Nous dirons en quelques mots comment on arriva enfin à mettre les bornes qui existent actuellement à l'influence de la puissance temporelle des papes.

La restauration ecclésiastique commença d'abord en France, qui toujours a été en tête de tous les progrès moraux de l'humanité. Le roi Louis XIV fit publier solennellement la déclaration des quatre fameux articles de l'assemblée des évêques français, convoquée par lui en 1682. Les trois premiers de ces articles établissaient l'indépendance du pouvoir temporel de celui du spirituel, la supériorité d'un concile sur le pape et l'inviolabilité des libertés gallicanes. Le quatrième condamnait la prétention des papes à l'infaillibilité; il y était dit : « La décision du pape, même en matière de foi, n'est pas infaillible, tant qu'il n'a pas l'assentiment de l'Église. » Le roi fit de ces propositions une espèce de foi; l'enseignement dans toutes les écoles devait se faire conformément aux quatre articles et personne ne pouvait obtenir un grade dans la faculté de droit ou de théologie, sans prêter serment sur ces quatre articles. Lorsque peu de temps après la puissance de Louis XIV fut affaiblie, il se trouva obligé de révoquer cet arrêt, mais il le fit sans bruit, par une lettre au pape qui ne reçut aucune publicité; ces rétractations furent faites seulement par quelques évêques, qui avaient besoin de la faveur de la cour de Rome. Plus tard le roi ne voulut pas souffrir que le pape refusât l'institution en France aux partisans des quatre articles; il déclara au pape qu'il n'avait dispensé que de l'obligation de les enseigner, mais que personne ne devait être gêné pour les admettre. (Ran. liv. 8, § XV.)

Le pape Benoît XIV, qui occupa le siége de Rome depuis 1740 à 1758, dominé par les circonstances politiques et par l'esprit du siècle, fit de grandes concessions de ses droits temporels concernant les biens ecclésiastiques et les impôts qu'on payait à Rome dans tous les États catholiques. (liv. 8, § XVI.)

Sous les mêmes influences, mais plus fortes, le pape Clément XIV prononça, le 21 juillet 1773, l'abolition entière de l'ordre des Jésuites. (liv. 8, § XVII.)

La révolution de 1789, détruisit toute influence du pape en France, ôta à l'Église tous ses biens et établit la position du clergé sur des constitutions civiles. Ces idées se propagèrent ensuite dans les autres États de l'Europe et même à Rome; le pape Pie VI, voyant son autorité menacée de tous côtés et n'ayant plus aucun moyen de la défendre par la force armée, eut alors l'idée de recourir à la protection des armes spirituelles, il déclara : « *Que la religion lui défendait toute résistance qui pourrait occasionner l'effusion du sang.* » (Histoire authentique de la guerre de la révolution française en Italie, 1797) (1). Mais tout fut inutile, la populace de Rome envahit le Vatican, pilla les appartements du pape et arracha de son doigt l'anneau épiscopal; on le conduisit ensuite en France, où il mourut l'année 1799. (§ XIX.)

Le débordement de l'esprit révolutionnaire détermina tous les souverains de l'Europe, quelles que fussent leurs croyances religieuses, à soutenir partout fermement les principes du pouvoir monarchique; ils prirent sous leur protection le siége de Rome et procurèrent la possibilité de réunir en 1800 à San-Giorgio, près de Venise, un conclave de cardinaux pour l'élection d'un nouveau pape, qui fut Pie VII. (§ XX.)

Mais l'autorité du pape ne pouvait plus être ce qu'elle avait été autrefois. L'esprit du progrès, de la civilisation et du droit humain avait fait un chemin énorme; on entreprit une réforme générale, à laquelle ne put échapper le gouvernement ecclésiastique. On ôta au clergé la possession de ses biens, qui furent confisqués ou vendus au profit des États; on abandonna au pouvoir du gouvernement civil la nomination aux fonctions ecclésiastiques; le clergé fut payé par l'État, et le pape fut obligé d'accepter toutes ces nouvelles institutions.

L'empereur Napoléon Ier fit valoir avec la plus grande ardeur les droits du pouvoir politique vis-à-vis de l'Église; il considéra la déclaration des quatre articles de 1682 comme une loi fondamentale de l'Empire (1). Enfin un sénatus-consulte prononça la réunion des États-Romains à l'Empire français ; la souveraineté temporelle fut déclarée inconciliable avec l'exercice des droits ecclésiastiques ; le pape devait à l'avenir prendre formellement l'engagement de respecter les quatre articles de 1682, et aurait seulement à percevoir des revenus de biens-fonds pour son existence. (Thibaudeau, *Histoire de la France et de Napoléon*, Empire, t. V, p. 221.) Le pape fut enlevé et conduit à Fontainebleau, où il signa le 25 janvier 1813, un concordat, par lequel il accéda aux dispositions essentielles de ce sénatus-consulte. (liv. 8, § XX.)

Après l'entrée des alliés à Paris, le pape rentra à Rome, le 24 mai 1814, et adressa d'abord une demande aux souverains alliés pour rentrer dans la possession de tout l'État romain. Par le traité de Vienne du 9 juin 1815, on rendit au siége de Rome les territoires suivants : les Marches, Bénévent, Ponte-Corvo, les trois légations de Bologne, Ravenne et Ferrare.

Ainsi ce nouveau rétablissement de la puissance temporelle des papes, fut exécuté par la volonté des souverains et dans des intérêts purement politiques, pour soutenir partout le principe monarchique contre la propagation des idées révolutionnaires. Ce furent même trois puissances étrangères au culte romain et à l'influence du pape, la Russie, l'Angleterre et la Prusse, qui rendirent à ce dernier sa royauté temporelle.

Actuellement l'expérience d'un demi-siècle a prouvé au monde combien toutes les constitutions des traités de 1815

---

(1) Ces quatre articles font encore partie du Code français.

furent mauvaises et peu solides. En ce moment il n'en reste presque plus rien. Conséquence naturelle de toutes les œuvres, qui ne sont pas fondées sur les bases de la justice, sur une appréciation équitable des besoins des peuples et sur le respect dû aux droits de l'humanité, mais uniquement sur l'esprit étroit des intérêts personnels et des ambitions égoïstes des souverains.

. Pie VII n'eut rien de plus pressé que de rétablir la compagnie des Jésuites, ces auxiliaires fervents de toutes les usurpations de l'Église, et dont les tendances s'attachent à procurer dans tous les États au corps du clergé, la position exceptionnelle d'une nation séparée au milieu d'une autre nation. Combinaison impossible, car un abus ne pourra jamais constituer un principe.

Aussi voyons-nous que, malgré tous les efforts incessants de ses agents, la papauté n'a pu reprendre son ancienne influence temporelle. Depuis la réinstallation des papes en 1815, tous les gouvernements catholiques romains, excepté celui de l'Autriche, eurent le mérite de marcher fermement et loyalement dans le chemin de l'affranchissement des peuples de l'influence pernicieuse du fanatisme religieux ignorant, ou des attentats criminels des partisans ultramontains du papisme.

On comprit, qu'entre la conservation des saints dogmes de la foi du Christ et la satisfaction des prétentions ambitieuses, étranges et injustes d'un évêque, — il n'y avait rien de commun et aucune solidarité. Tous les gouvernements ont institué chez eux de nouvelles lois organiques pour la discipline du clergé, qui se trouve maintenant placé sous le contrôle de l'administration civile.

Présentement, en dehors des États-Romains, le pouvoir temporel des papes n'existe plus nulle part; c'est devenu un mot inutile et *vide de sens*. Il faut donc regretter profondément que les trois millions de nos frères habitant les États-Romains, restent seuls à supporter injustement tout le fardeau affreux, toute l'oppression avilissante de ce pouvoir. Il est incroyable que les gouvernements qui se sont empressés de détruire dans leurs propres États la funeste domination du clergé, s'efforcent néanmoins de soutenir ouvertement et même par la force de leurs armes, le maintien de ce joug illégitime dans un État qui leur est parfaitement étranger *et sur lequel ils n'ont aucun droit?* Comme si les lois divines, ainsi que les droits de l'humanité et de la civilisation, n'étaient point les mêmes pour tous les pays et pour tous les hommes?

Ainsi donc, après avoir examiné l'introduction du pouvoir temporel des papes sous le point de vue *historique*, nous retrouvons exactement la même usurpation, la même fausseté de bases, le même manque de bonne foi, la même absence de tout droit, que nous avions constatés au point de vue *dogmatique*.

Voyons enfin ce que pourra nous dire là-dessus le simple bon sens.

Il est évident que l'exercice du pouvoir monarchique par un évêque, et surtout par un évêque universel, qui prétend même avoir le droit de dominer tous les autres et le monde entier, n'a jamais pu être ordonné par le Christ; car une institution de cette importance aurait été infailliblement établie par les saints apôtres eux-mêmes, et on n'aurait pas attendu 1053 ans pour connaître là-dessus la volonté divine (1).

(1) Pour confondre et réduire au silence tous les défenseurs *peu éclairés* ou *de mauvaise foi* de la domination universelle des papes, non seulement sous le rapport du pouvoir temporel, mais, ce qui est bien plus grave encore, *sous celui du spirituel*, nous allons citer une autorité qu'aucun chrétien de l'Église latine n'osera discuter : celle du pape saint Grégoire le Grand, le plus vénérable et le plus saint de tous les papes, l'ornement et la lumière du siége de Rome. Voilà ce qu'il écrivit, en 597, à saint Euloge, patriarche d'Alexandrie (Grég. VI, épist. 37) : « Quoiqu'il y ait plusieurs « apôtres, le siége du prince des apôtres a prévalu seul pour l'au- « torité, à cause de sa primauté; *et c'est le siége du même apôtre* « *en trois lieux.* Car il a élevé le siége où il repose et où il a fini la « vie présente, c'est Rome. Il a orné le siége où il a envoyé l'évan- « géliste son disciple (saint Marc), c'est Alexandrie. Il a affermé le « siége *qu'il a occupé sept ans,* quoique pour en sortir, c'est « Antioche. Ainsi *ce n'est qu'un siége du même apôtre dans lequel* « TROIS ÉVÊQUES PRÉSIDENT MAINTENANT PAR L'AUTORITÉ DIVINE. » (Fleury, liv. 35, XLIX.)

Ce n'est pas sans motif que la sagesse divine a formellement interdit au clergé l'exercice de la puissance séculière; nous voyons par l'histoire tous les affreux malheurs qui sont ressortis de la réunion, dans les mêmes mains, des pouvoirs spirituel et temporel. Ces deux puissances ne pourront jamais fonctionner ensemble, car l'une d'elles doit pardonner et l'autre punir, l'une doit s'occuper de la conduite des âmes et l'autre de celle des corps; l'une doit agir d'après les lois divines et l'autre d'après celles des hommes.

Si l'exercice du gouvernement civil par le clergé était une chose si simple, si naturelle et qui ne devait porter aucune atteinte aux intérêts des peuples, qu'avaient besoin les papes d'user de tant d'efforts pour le faire accepter? Pourquoi cherchèrent-ils constamment à faire accroire surtout que c'était un droit qui leur venait directement et de la bouche même de Dieu? Une cause bonne et juste n'a pas recours au mensonge pour son explication. Mais toute imposture ne peut se soutenir qu'au moyen de nouvelles impostures.

D'ailleurs, si le pouvoir temporel des papes leur venait si manifestement du Ciel, qu'avaient-ils encore besoin de se baser toujours sur cette prétendue donation de Constantin, qui servit pourtant de plus ferme appui à leur usurpation?

Admettons, pour un moment, que cette donation existe réellement; qu'est-ce que cela prouverait? N'en serait-elle pas moins contraire aux préceptes de l'Évangile et la conséquence d'une volonté humaine?

Est-il permis à un évêque d'accepter des hommes ce que Dieu lui défend de posséder?

Est-ce que les donations territoriales faites par Constantin, Pépin, Charlemagne, Othon et autres, ainsi que toutes les acquisitions que les papes ont faites ultérieurement par la force de leurs armes ou par des traités politiques, et la réinstallation de leur royauté en 1815, ne seraient pas évidemment d'un ordre de choses purement et entièrement humain ?

Or, ce qui a été institué par les hommes peut être aussi, en cas de nécessité et d'utilité sociale, aboli par les hommes. L'histoire nous montre une quantité de souverains qui perdirent leurs états et leur couronne, quand leur règne devint funeste et odieux à leurs peuples.

Au moment même où nous écrivons ces pages, on vient d'ôter la Lombardie à l'Autriche, d'expulser les princes autrichiens des duchés et on va obliger le roi de Naples à donner à son peuple un gouvernement humain ; et, au milieu de cette sainte œuvre de la régénération générale des infortunés peuples italiens, on n'oserait pas toucher à la tyrannie intolérable et détestée du pape, qu'il exerce au mépris même de la défense céleste ?

Tous les défauts, tous les abus des gouvernements *légitimes* les plus despotiques, finissent avec le temps par s'adoucir, par se modifier et par disparaître, sous la bienheureuse influence du progrès des mœurs, de la civilisation et du besoin de l'époque. Mais la domination anormale de la monarchie ecclésiastique reste immuablement absolue et implacable ; elle ne peut se relâcher en rien, parce que son pouvoir *illégitime* ne peut se maintenir que par la violence, et que la force à elle seule ne saura jamais constituer un droit.

Est-ce que la royauté temporelle des papes, constituée par la volonté des hommes, aurait reçu des droits tout particuliers ? Non certainement ; à moins d'admettre que la majesté de la puissance spirituelle, qui leur vient du ciel, soit si grande, qu'elle puisse même recouvrir de son autorité divine tout le mal de leur gouvernement temporel ? Mais, s'il en est ainsi, qu'ont-ils encore besoin de ce misérable et insignifiant pouvoir temporel, quand ils sont déjà en possession de ce formidable et souverain pouvoir spirituel?

Remarquons bien à quel ordre de choses anormal conduit la réunion de ces deux puissances dans les mains d'une seule personne. Quand le pape voudra introduire dans son royaume quelques innovations arbitraires dans les matières de la religion, qui pourrait l'en empêcher? Le roi de Rome prendra sous la protection de sa puissance temporelle le saint-père. — Quand une autre fois il serait urgent de résister aux abus du pouvoir du roi de Rome, — la crosse spirituelle du saint-père recouvrira de sa protection vénérable les méfaits du prince romain.

Est-ce que, par hasard, quelqu'un oserait avoir la témérité de soutenir qu'en séparant si formellement les deux puissances l'une de l'autre, Dieu n'avait pas prévu tout le mal et toute la confusion que devrait engendrer leur réunion?

N'est-ce donc pas un sacrilége inouï que de vouloir corriger les lois de la sagesse divine? N'est-ce pas une révolte manifeste contre la volonté céleste, qui a établi sur la terre des juges pour toutes les fautes et pour tous les individus, sans aucune exception, que de prétendre donner à un homme le pouvoir surhumain de renverser sur la terre toutes les lois, même celles du Christ?

Et c'est l'un des plus augustes et des plus élevés serviteurs de Dieu sur la terre, qui ose vouloir s'approprier ce pouvoir impie? — Mais c'est l'orgueil de l'ange déchu !

C'est par cette route abominable que les papes sont arrivés à se placer en dehors de toutes les lois humaines et divines ; à ne plus reconnaître sur eux aucune autorité, ni celle des peuples et des souverains (1), ni celle des conciles et des

______

(1) « Au couronnement de l'empereur Henri IV, en 1191, le pape

canons apostoliques (1); à oser interpréter et dédaigner l'exemple des apôtres (2); à rejeter même les ordres formels de notre Seigneur (3); et, pour motiver toutes ces démences, à se proclamer enfin infaillibles, impeccables et même saints (4).

Voilà où conduit l'orgueil et l'extravagance des passions humaines. Et que de flots de sang ont été versés dans les guerres, les exécutions, les vengeances et les divisions criminelles entre les peuples, soulevés par le clergé au nom de la Foi, mais, en réalité, dans le but de conquérir au moins par l'ignorance et la crédulité des hommes, cette domination matérielle que lui avait refusée Dieu!

C'est là pour nous un grand et terrible enseignement. Si nous avions toujours fidèlement suivi la haute sagesse des préceptes de notre Sauveur, tous ces cruels malheurs auraient été épargnés; des milliers d'hommes n'auraient pas

Célestin III étant assis dans sa chaire, poussa du pied la couronne impériale, qu'il avait mise entre ses pieds, et la fit tomber à terre, pour montrer qu'il avait le droit de déposer l'empereur s'il le méritait. » (liv. 74, XXIX.)

(1) Au concile de Rome, en 1102, Pascal II déclara : « Que les conciles n'avaient point fait des lois pour le siége de Rome, puisque c'est lui qui donne l'autorité aux conciles. » (liv. 65, XX.)

(2) Pour ne pas accepter l'exemple de soumission de saint Pierre repris par saint Paul, le pape Grégoire IX écrivit, dans sa lettre du 26 juillet 1232, au patriarche de Constantinople Germain : « Quand, à l'exemple de saint Pierre et de saint Paul, l'un et l'autre en usèrent ainsi *de concert et par artifice charitable*, pour gagner les juifs et les gentils à la foi chrétienne. » (liv. 80, XX.)

(3) Usurpation du pouvoir temporel, dédain de l'esprit de pauvreté et bien d'autres changements majeurs dont l'examen n'entre pas dans la question présente.

(4) En 1081, Grégoire VII écrivait à Herman, évêque de Metz, *que le Saint-Siége rend saints ceux qui l'occupent !* (liv. 63 , X.)

péri de mort affreuse, tant de crimes ne se seraient pas consommés, tant d'âmes chrétiennes ne se seraient point perdues, mais surtout la sainte Église universelle brillerait encore dans tout l'éclat de sa grande et majestueuse unité.

Les coupables auteurs de toutes ces calamités auront un jour un terrible compte à rendre à Dieu, car, au lieu de s'appliquer à la conduite des âmes confiées à leur saint ministère, ils vendirent le corps de Jésus-Christ au profit de leurs misérables passions humaines, et méprisèrent le bâton des apôtres pour se parer de la pourpre royale; au lieu de conserver fidèlement l'inviolabilité des saintes doctrines confiées à leur garde, ils les enseignèrent aux peuples en les défigurant *sciemment*, et comme dit saint Paul : « tâchèrent « de le surprendre (le peuple) par la philosophie, et par des « raisonnements vains et trompeurs, selon une doctrine tout « humaine, ou selon les observations qui étaient les élé- « ments du monde, et non selon Jésus-Christ. » (Coloss. II, 8.)

La comparaison consacrée par les prophètes et les Écritu- res, de l'Église de Dieu à un édifice, dont *la pierre de fonde- ment, la pierre angulaire est le Christ*, et dont les apôtres et tous les fidèles forment les autres, n'est point une expression mondaine; elle figure *instructivement* la véritable constitution de l'œuvre divine : Otez-en une pierre — et la partie adjacente de l'édifice s'ébranle et croule.

Soumettons-nous donc aveuglément à la volonté de notre Sauveur, tâchons à l'avenir de suivre fidèlement et à la lettre ses moindres prescriptions, et empressons-nous de corriger entièrement toutes les fautes, tous les abus que nous avons laissé s'introduire dans la Foi.

Rappelons-nous les paroles du grand et éloquent apôtre saint Paul :

« Je m'étonne qu'abandonnant celui qui vous a appelés à

« la grâce de Jésus-Christ, vous passiez sitôt à un autre
« évangile. Ce n'est pas qu'il y en ait d'autre ; *mais c'est qu'il*
« *y a des gens qui vous troublent, et qui veulent renverser*
« *l'Évangile de Jésus-Christ.* Mais quand nous vous annon-
« cerions *nous-mêmes,* ou *quand un ange* vous annonce-
« rait un évangile *différent de celui* que nous vous avons
« annoncé, qu'il soit anathème. » (Galat. I. 6, 7, 8.)

« *Car personne ne peut poser d'autre fondement que*
« *celui qui a été posé ; et ce fondement c'est Jésus-Christ.* »
(Ie Cor. III, 11.)

« C'est pourquoi, mes frères, demeurez fermes ; *et conser-*
« *vez les traditions que vous avez apprises,* soit par nos
« paroles, soit par notre lettre. » (Thessal. II, 15.)

Nous terminerons ici ce travail, entrepris à l'improviste, fait avec précipitation, et qui aurait dû être bien plus complet; mais le temps presse et les événements avancent.

Avant de déposer la plume, que nous avons prise pour la sainte défense des droits de l'humanité et de la vérité évangélique, nous prendrons la liberté d'adresser humblement et avec la plus profonde considération, une invocation fervente et solennelle aux sentiments chrétiens de sa sainteté l'auguste pontife de Rome. Nous dirons :

Vénérable Saint-Père,

Vous, qui avez reçu du ciel la haute et sainte mission de continuer sur la terre l'œuvre du Christ et de ses apôtres ; vous, qui devez servir d'exemple à votre troupeau, par la pratique parfaite de la sagesse, de la vertu, de la modération et d'une obéissance aveugle aux préceptes de notre Sauveur ; vous, qui avez reçu la puissance formidable de lier ou délier les consciences de millions d'âmes chrétiennes, au nom du Père, du Fils et du Saint-Esprit ; vous, dont l'auguste puissance spirituelle vient d'une institution divine et doit être par conséquent au-dessus de tous les intérêts des passions humaines : — pourquoi profanez-vous la haute sainteté de votre glorieux ministère par le contact des vanités mesquines de l'humanité? Que peut ajouter encore à votre majesté spirituelle, la royauté terrestre sur un petit pays, composé de trois millions d'hommes, et qui vous place, en qualité de souverain séculier, sur la même ligne où se trouvent des dizaines de petits princes, qui ne sont comptés pour rien dans la balance politique du monde? Ne voyez-vous pas que cette piètre royauté temporelle vous fait constamment descendre de la hauteur élevée où vous place votre puissance spirituelle?

Ne voyez-vous pas la tache que projette cette regretable ambition mondaine, sur la pureté éclatante de votre rôle épiscopale? D'une main vous tenez la crosse vénérable du saint pasteur, de l'autre vous devez bénir votre troupeau;— de quelle manière pouvez-vous tenir encore le glaive de la justice humaine? Comment la main qui a reçu de Dieu l'unique mission de consoler, de pardonner et de bénir, peut-elle en même temps signer les jugements et les condamnations des délits et des crimes civils, que tout prince de la terre est appelé à poursuivre?

Saint Père, rappelez-vous les paroles du grand saint Bernard à votre prédécesseur Eugène III, et, à l'exemple de notre Maître à tous, qui a donné sa vie pour sauver le monde, rachetez tous les malheurs déplorables du passé par une abnégation sublime et sainte, dont le souvenir sera éternellement béni par les hommes sur la terre, et récompensé par Dieu au ciel. Retirez-vous dans votre oratoire, et là, seul en présence de Celui qui voit toutes nos intentions, invoquez son assistance divine, implorez-le de vous inspirer de son Saint-Esprit, et ensuite, en plaçant votre main sur le Crucifix et en vous rappelant attentivement tout ce que le Seigneur a ordonné à ses apôtres, interrogez votre conscience, demandez-lui : *S'il vous est réellement permis d'être Pontife et Roi?...* Soumettez-vous après à son jugement, qui sera sans erreur, car la vérité de l'Évangile *est une et éternelle*.

Le Christ a dit :

« *Le ciel et la terre passeront, mais mes paroles ne* « *passeront pas.* »

(Matth. XXIV, 55.)

« *Toute plante que mon Père céleste n'a point plantée* « *sera arrachée.* »

(Matth. XV, 15.)

FIN.

ERRATUM.

—

A la page 60, la note suivante a été omise :

(1) On voit par là qu'en cas de péril et en vue de leur propre intérêt, les papes savaient pourtant bien comprendre, juger et expliquer *le sens véritable des doctrines évangéliques.* Cet aveu de détresse, fait au moment d'un danger suprême, quand le pape ne pouvait plus espérer que dans la protection céleste, et quand par conséquent l'homme ne peut plus mentir devant Dieu, — prouve mieux que tout ce que nous avons écrit dans ces pages combien l'usurpation du pouvoir temporel par les papes est impie, et combien ils sont sacriléges et criminels en employant pour sa défense l'effusion du sang chrétien.

Et cependant nous avons devant nos yeux l'exemple récent de l'horrible carnage de Pérouse, ordonné, approuvé et même récompensé par le pape !

www.ingramcontent.com/pod-product-compliance
Lightning Source LLC
Chambersburg PA
CBHW061253060726
47596CB00002B/579